浙江师范大学非洲研究文库
非洲研究译丛系列
总主编:刘鸿武

非洲大学与经济发展

Universities and Economic Development in Africa

[南非] 尼科·克卢蒂　翠西·蓓莉
　　　番迪·皮莱　伊恩·布丁　　著
　　　皮特·马森

欧玉芳　译

浙江工商大学出版社 | 杭州
ZHEJIANG GONGSHANG UNIVERSITY PRESS

图书在版编目(CIP)数据

非洲大学与经济发展/(南非)尼科·克卢蒂等著;欧玉芳译. —杭州:浙江工商大学出版社,2019.12

书名原文: Universities and Economic Development in Africa

ISBN 978-7-5178-3272-0

Ⅰ.①非… Ⅱ.①尼… ②欧… Ⅲ.①高等教育—关系—经济发展—研究—非洲 Ⅳ.①G649.4②F140.4

中国版本图书馆 CIP 数据核字(2019)第120822号

非洲大学与经济发展
FEIZHOU DAXUE YU JINGJI FAZHAN

[南非]尼科·克卢蒂　翠西·蓓莉　番迪·皮莱
　　　伊恩·布丁　皮特·马森 著

欧玉芳 译

策划编辑	姚　媛
责任编辑	费一琛
封面设计	王妤驰
责任印制	包建辉
出版发行	浙江工商大学出版社
	(杭州市教工路198号　邮政编码310012)
	(E-mail:zjgsupress@163.com)
	(网址:http://www.zjgsupress.com)
	电话:0571-88904980,88831806(传真)
排　　版	杭州朝曦图文设计有限公司
印　　刷	杭州高腾印务有限公司
开　　本	710mm×1000mm　1/16
印　　张	17
字　　数	236千
版 印 次	2019年12月第1版　2019年12月第1次印刷
书　　号	ISBN 978-7-5178-3272-0
定　　价	55.00元

"浙江师范大学非洲研究文库"编纂委员会

编委会主任：刘鸿武
编委会委员：（以姓氏拼音为序）

曹忠明　陈明昆　冯绍雷　顾建新　郭宪纲　贺　萌
贺文萍　蒋国俊　金灿荣　李绍先　李新烽　李智彪
罗建波　林松添　刘贵今　刘鸿武　楼世洲　梅新林
秦亚青　舒　展　舒运国　王缉思　王　珩　王逸舟
万秀兰　徐　步　徐　辉　徐伟忠　徐丽华　徐　薇
许镜湖　杨　光　杨洁勉　杨立华　张　明　张宏明
张建珍　张忠祥　郑孟状　钟伟云　朱威烈

序言 非洲研究——中国学术的"新边疆" ①

浙江师范大学非洲研究院院长 刘鸿武

一百多年来，中华民族经历了曲折艰难的现代复兴进程，逐渐由"亚洲之中国"转变为"世界之中国"。今天，中国的发展已经在越来越广大之领域与世界的前途连接在了一起。为最终完成中华民族的现代复兴，并对人类未来做出新的贡献，21世纪的中国当以更开阔之胸襟去拥抱世界各国各民族之文明，努力推进人类各文明以更为均衡、多元、平等的方式展开对话与合作。为此，中国需要在更广泛的人类知识、思想、学术与观念领域做出自己的原创性贡献，而建构有特色之"中国非洲学"，正是中华民族在当今国际学术平台与思想高地上追求中国的国家话语权、表达中华民族对于未来世界发展理念与政策的主张并进而为21世纪的人类贡献出更有价值的思想智慧与知识产品的必要努力。②

在此过程中，"非洲情怀、中国特色、全球视野"三个层面的有机结合与互为补充，"承续中国学术传统，借鉴国外研究成果，总结中非关系实践"三个维度的综合融通与推陈出新，或许将为有特色之"中国非洲学"拓展出某种既秉承传统又融通现代、既有中华个性精神又融通人类普遍知识的中华学术新品质、新境界与新气度。

---

① 此序文最初刊布于2008年首批出版的"浙江师范大学非洲研究文库"之系列著作，此次出版对文中个别文字做了修订。
② 刘鸿武：《初论建构有特色之"中国非洲学"》，《西亚非洲》2010年第1期，第5页。

一、非洲研究与中国学术"新边疆"的拓展

学术研究与时代环境往往有着十分复杂的关系。所谓一时代有一时代之学术，时代条件与环境因素总在某种或隐或现的形态下影响着人们的思想过程。古人主张"知人论世"①，认为要知晓其人所论所思为何如此，要理解其人治学求知之特点个性，不能不考察、辨析他的生活时代，不能不联系他的人生经历与治学环境。理解一个人的思想如此，理解一个时代的学术亦如此。

过去百年中国学术之成长与变革进程，便深深地印刻着时代的痕迹。因为20世纪中华文明追求现代复兴与发展任务的紧迫和艰难，更因中华学术经世致用传统之影响，中国学术过去百年的成长过程，始终紧紧围绕着、服务于中华文明复兴与发展的当下急迫之需。摆脱落后、追求先进的时代使命，使得现代中国学术的目光多紧盯那先进于我之国家民族。于是，"西洋学术""欧美文化"，乃至"东洋维新""俄苏革命"，都曾以不同之方式，进入中国学术核心地带，成为过去百年中国学人热情关注、努力移植、潜心研究之重心与焦点，各种形式的"言必称希腊"成为中国学术一时之现象，也便自有其合理之时代要求与存在缘由。而在此背景下，对于遥远他乡那些看似与国家当下之复兴大业、复兴命题关涉不大或联系不紧的学问领域，对于那些与中国一样落后于世甚至尤有过之的不发达国家、弱小民族的研究或学问，人们便一直关注不多，问津甚少。

于是，在相当长的时期中，包括中华人民共和国成立之后，非洲大陆这个重要的自然地理区域和人类文明世界，便成为中国现代学术世界中的一块"遥远边疆"，一片"清冷边地"。偶尔，会有探险者、好奇者、过路者进入其间，于其风光景致窥得一角，但终因天遥地远，梁河相隔而舟渡难寻，直至今日，非洲研究这一领域对于中国学术界来说，总体上还是一个具有"化外之地"色彩的知识领域，一块要靠人们发挥想象力去揣想的遥远他乡。

在西方学术界，非洲研究却已经有百多年的经营历史了，如果加上早期殖

---

① 《孟子·万章下》："颂其诗，读其书，不知其人，可乎？是以论其世也。是尚友也。"

民时代探险者、传教士留下的那些并不甚专业的探险游记、传教回忆录，西方对非洲大陆的认知与研究可以追溯到更久远的三四百年前。在这个过程中，非洲研究在塑造西方现代学术形态、培植西方现代学术气质方面，均扮演过某种特殊的角色。西方现代学术的诸多领域，如人类学、民族学、社会学、语言学、考古学、人种学、生态学等，各种流行一时的理论或流派，如结构主义、功能主义、传播理论、发展研究、现代化理论、女性主义、后殖民主义、世界体系论等，都曾以不同的方式或形态，与非洲这块大陆有某种直接或间接的关联。直到今日，在非洲大陆各地，依然时常可以见到西方学者潜心考察、调研与研究的踪迹。

不过，自20世纪70年代末中国改革开放以来，特别是随着近年中国国家发展战略和外交战略的重大变化，中国学术界开始尝试采用更加独立、更加全面也更加长远的眼光来理解和把握人类文明的整体结构，以及中华民族与世界上一切民族和国家之如何建立更为平衡、多元的交往合作关系这样一些重大问题。过去三十年，中非合作关系之丰富实践及这一关系所彰显的时代变革意义，使得非洲在中国学人眼中的地位和重要性发生了重大转变，非洲研究不仅得到重视和加强，而且学人研究的兴趣和重点也超出了以往那种浅层与务实、只着眼于为政治与外交服务的局限，开始向着探究人类文明之多元结构与多维走向，向着探究一切社会科学深切关心的本质性命题的方向拓展延伸。渐渐地，人们发现，非洲研究成为新时期中国学术研究的一片"新边疆"，一块辽阔广大、有无数矿藏和处女地等待新来者开拓的沃土。

我们说，中华民族历来有关注天下、往来四海之开放传统，有"民吾同胞，物吾与也"的天地情怀。在其漫长的文明演进史上，中华民族一直在努力突破地域之限制而与外部世界建立接触和交往，由此扩展着自己的视野，丰富着自身的形态，并从中获得更新发展之动力。这种努力自进入近代以来，尤为强烈与明显。虽然因时代条件之制约，过去相当长的时期中国学术主要关注欧、美、日等发达地区或国家，但进入20世纪60年代以来，中华民族在追求现代复兴并因此而努力与外部世界建立新型关系的过程中，也开始与遥远的非洲大陆建立日益紧密的文化对话和交流合作关系。正是在这个意义上，我们说非洲研究日益为中国学术界所重视这一现象的出现，应该是具有某种特殊的昭示时代变革的象征意义的，它折射出中华文化的现代复兴正进入一个新的历史阶段，反映出当代中国学术在回归和继承优良历史传统的基础上，日益面向全球与未来，日益拥有了新的自由与自主、自信与自觉的精神气度。

我们是不是可以这样说，如果将来的某一天，在那遥远闭塞的非洲内陆的某个村庄，在那湿热茂密的非洲雨林深处的某个偏僻小镇里，我们也能意外地发现有中国学者的身影，他会告诉我们，他已经在这远离中国的非洲边远村庄里做了多年的潜心研究，而他并不太多地考虑其研究与学问是否有他人认可的某种"价值"或"意义"，他只是做着纯粹基于个人学术旨趣、知识好奇心的田野考察和异域文化研究。那时，我们或许就可以说，中国学术的自主意识与现代品格获得了更大的成长。

从一个更长远的当代中国发展进程来看，在全球化进程快速推进、中国与外部世界日益融为一体，而中国也在努力追求自己的强国地位的进程中，非洲研究这一"学术新边疆"之探测与开垦，对中国学术现代品质之锻造——诸如全球视野之拓展、普世情怀之建构、主体意识之觉醒、中国特色之形成等，都可能具有某种重要的引领与增益作用。

二、当代中非交往之学术史意义

非洲文明是整个世界文明的重要组成部分，在过去数千年间，非洲有过非常复杂而丰富的历史经历，文明形态也达到很高的水平。非洲人的天才创造在过去一百多年来已经逐渐被世界所了解，尽管现在还有许多不为人知的地方。总体上说，相对于西方对非洲文化、历史、艺术的认知，中国是一个晚到者。现代意义上的非洲学研究，在西方已经有一两百年的历史。尽管历史上中国与非洲也有过有限的联系、交往，现代中国对非洲的认识却是最近五十年才开始的，目前也还处在相对落后的位置上。事实上，早在一百多年前，西方就已经在拼命地吮吸非洲文明的乳汁，在享受非洲人民创造的丰富灿烂的文化珍品了。过去一百多年，非洲文化艺术曾给西方现代艺术带来特殊的活力，从不同方面刺激西方艺术家们的想象力，由此拓展了西方艺术新的发展空间，并使其风格再造，加速了西方现代艺术形态与范式的变革进程。

就非洲文化艺术自19世纪以来对西方影响之广度与深度而言，在某种意义上我们可以认为，西方现代艺术在某些方面曾出现过"非洲化"现象，以至在今日的西方艺术与文化的世界中，处处渗透着来自非洲大陆的元素：非洲的音乐、非洲的舞蹈、非洲的节奏、非洲的风格。当然，那是一个经过了西方精心改造、重新编码、巧加利用的复杂过程。[1]在这个过程中，非洲文化、非洲艺术的最初源头被隐去了，但如果我们做一番深入的研究辨析，就会发现，在西方现代文化与艺术的世界里，有许多被称为现代艺术伟大创造的风格样式，有许多被认为开启了西方现代文化新领域的精神丰碑，包括毕加索、马蒂斯、高更等颇有影响力的西方现代艺术家的许多作品之风格、形式和灵魂，都曾有过对非洲文化与艺术的某种巧妙移植、借用、吸收。[2]这种移植、借用与吸收，自然是拓展了西方现代艺术的发展领域，也给现代人类带来了特殊的艺术感受，它表明西方现代艺术家勇于创新、善于利用其他民族文化与思想智慧的传统，本身并无不可，值得今日之中国学者和艺术家学习、借鉴和反思。但问题在于，当现代西方已经在充分享受非洲人民的艺术创造与财富，当现代西方艺术因为从非洲艺术中获取了如此丰富的艺术天才想象力与灵感而获得变革与发展的动力与智慧时，却又按照西方的艺术观念，以西方之艺术为尺度，以一种居高临下的傲慢和偏见，轻易断定非洲原始落后，妄称非洲没有历史与文化，便很不妥当了。

事实上，在过去一百多年西方汲取非洲文明与艺术财富的过程中，西方也垄断了对非洲文明与艺术的解释话语权。西方实际上是按其需要，按自己的历史观、价值观、艺术观来解读和评价非洲的文明与艺术世界的。于是，丰富多彩、形态各异的非洲文明与艺术，通常被贴上了一些武断而简单的标签，诸如"原始的""史前的""野蛮的"等。一百多年来，世界所认知的非洲文明与艺术，或者说，世界对非洲文明与艺术的认知方式和认知角度，其实是被西方设定好的，被西方人建构出来的，那其实是一个"西方的非洲""西方的非洲艺术"。

---

[1] William Rubin. *"Primitivism" in 20th Century Art: Affinity of Tribal and the Modern (Vol. 1)*. Museum of Modern Art, 1984, p.241.

[2] Ibid, pp.125-179.

在相当长的时间中，我们中国人（其实也包括整个东方世界，甚至非洲人自己）也往往是通过西方的眼光，按照西方人设定的标准或尺度，来理解、认知和评价非洲文明与艺术的。这一百多年来西方主导下的"非洲文明认知史"进程，其所建构的"非洲文明观"或"非洲艺术观"，其成就与不足、所得与所失，自然需要有认真的反思与总结。事实上，非洲艺术并不能用"原始"二字来形容，它只是更多地保持了人类对于艺术的最纯真的理解，更多地保持了人类因艺术而得以呈现的那种本真的天性，就此来说，欣赏非洲之艺术与文明，或许有助于我们回到人性的本原，回到人类最真实的心灵深处。我们当以一种敬意与温情，以一种平等的心态，重新来认知非洲人民的天才创造、巨大活力及对现代人类的特殊意义。

中华文化地处东亚大陆，在其漫长演进史中，它一直努力突破地域之限制而与外部世界进行接触和交往。在20世纪中华民族追求现代复兴并因此而努力与外部世界建立新型关系的过程中，与遥远非洲大陆的文化交流合作，对于中华古老文化在当代的复兴与发展，对于东方形态的中华文化在承续传统的过程中同时转变为日益具有开放性质和全球形态的世界性文化，是有某种特殊的实践意义和象征意义的。非洲大陆，那是一个中国民众过去并不熟悉的世界，一种在许多方面都可以让中国人产生"异域文化"之鲜明对比与差异感的"他者"文化。唯其如此，与非洲大陆各国各族之文明往来，正有如激动人心之不同文明之碰撞，必有异彩之闪烁、奇葩之绽放，其对中华民族在全球化之时代形成更开阔之文化视野、更包容之文明胸襟、更多样之艺术欣赏力，当有特殊之增益作用。

今天，随着中国与非洲关系的全面发展，随着中非双方建立起直接的文明交流与合作关系，中国得以用自己的眼光来重新认知非洲，得以将自己古老悠久的文明与非洲鲜活本真的文明进行直接的比较交流，并将这两个大陆不同文明的交往及其前途联系起来进行展望。毫无疑问，这一外部交往与知识结构的历史性转折，将使我们能够超越迄今为止西方主导的世界历史、非洲文明的认知框架与知识传统，得出崭新的、与历史发展和人类愿望更为相符的多元世界和文明交往的新图景。在这过程中，中国并不是要抛开其他文明的彼此认知，去做一个纯粹中国人眼中的非洲观察，也不是重新建构一个纯粹是中国视界下的"中国的非洲文明",将非洲文明或文化仅仅做中国式的图解与诠释,更不是仅出于猎奇心理将非洲做夸张扭曲的渲染,而是既需要有中国自己的独特眼光与感悟,更需要在一个更多元、更开阔的世界文明史和全球史背景下来重新认知非洲、感悟非洲。

三、当代非洲发展问题的特殊性质

非洲研究有一系列特殊的命题值得学者探寻深究。读者面前的"非洲研究文库"各个系列的著作,大体上都是围绕着当代非洲各个年轻国家成长中的一些重大问题来展开的。

当代非洲国家要实现发展,有许多共同的历史命题和任务需要解决。从总体上看,绝大多数的年轻的非洲国家都是从一个很低的历史起点上开始它们的现代国家发展进程的,这些非洲国家要由传统社会转变发展为现代国家,要实现现代经济增长而发展成一个富裕国家,较之当代世界各国而言,其面临的障碍更为巨大,路途更为漫长、更为艰辛。它们摆脱殖民统治而独立建国固然不易,但立国强国则更为艰难。

总体上看,在前殖民地时代,非洲大多数地区的政治发展进程及成熟水平,还未达到现代民族国家的发展阶段。在当时非洲的大多数地区,往往只存在一些部族社会范畴的政治共同体,在少数地区则已形成过一些规模较小、结构松散且体制功能发育程度还较低的古代王国。作为一个现代国家的形成与稳定存在所必须要经历的政治发展阶段和一些必备的前提条件,诸如制度化了的国家体制结构的初步发展,统一的国民经济体系或经济生活纽带的初步形成与建立,各个民族或部族虽然差异很大,但已有聚合在某个统一的政治实体内长期共处而积淀下来的共同生活经历与习惯,一份富于凝聚力和整合力的经由以往漫长世纪而积淀下来的国民文化遗产——如对国家的认同忠诚、对政府及统治合法性的认可拥戴,等等,所有这一切,在前殖民地时代的非洲大陆的大部分地区,都还没有获得充分的发展。[1]

---

[1] 刘鸿武:《黑非洲文化研究》,华东师范大学出版社1997年版,第25页。

当代非洲国家创立的基本特点，是国家的产生先于民族的形成，事先人为地构建起一个国家，再来为这个国家的生存寻求必要的经济、文化、民族基础。在西方，现代国家的产生是社会经济、历史、文化与民族一体化发展所导致的结果。西方近代史上形成的国家，基本上是单一民族的国家，民族与国家具有同构性和兼容性。在东方国家，内部往往都有较为复杂的民族结构和宗教文化背景，各民族也多有自己的语言、宗教、文化传统，经济生活上的差异也是长期存在的，但是，这些有着多民族背景的国家，已经有久远的生存历史了。在这些国家内的各个民族，已有在同一个古代国家肌体内、在一个王权统治下，长期共处生存的历史经历与交往过程，相互间已形成程度不同的或紧或松、或强或弱的经济上的、文化上的、社会生活上的联系与依存关系，并且因为这种联系与依存关系的长期存在，逐渐在那些众多的民族间形成了某种共同的国家观念意识与情感，一种对某个中央集权的统一政治实体的认同感。这种漫长历史上的共同经历与交往，使这些东方国家在国家的民族文化关系结构上不同程度地形成了一种特殊的不同于近代西方单一民族国家的结构，即一种在民族关系、文化结构方面虽然多元却又一体的特殊格局。这些国家在多民族关系结构方面，往往还有一个占主导地位或支配地位的核心民族，比如在中国这个多民族国家中，汉族便一直是一个占主导地位的主体民族，汉文化由此也就在与其他民族的文化发生交往、融合的过程中，成为维系中国这个多民族国家长期统一存在和连续性发展的核心文化，从而形成中国古代历史上特殊的汉文化凝聚力和各少数民族文化的向心力。

当代非洲国家的创立，不同于东方许多古代国家那样是经过非殖民地化的完成而"重建"自己往昔的国家。非洲在非殖民地化之后建立的那一系列年轻国家，基本上不是"重建"，而是"新建"，基本上不是"恢复、再生"，而是"新立、创建"。因为这些国家在历史上并不曾存在过，它们并不是以历史上原有的政治共同体为基础，通过古代政治的自然发展过程，比如说在古代那些文化共同体、古王国、部落酋长国的基础上扩展而成的。古代非洲那些本可能扩展成现代国家的政治共同体，比如在苏丹这块土地上曾经有过的那些古代政治与宗教文化共同体，那些古代王国与城邦国家，如古代努比亚文明或库施王国、芬吉王国、富尔王国，等等，在西方人到来之前早已衰落瓦解。独立后非

洲大陆新创立的国家，基本上都是按外部西方殖民者的利益所强加的、任意
"肢解与分割"而成的殖民地框架建立的，它与当地原有的历史文化共同体和
政治经济联系并无同构性。

从这样一个意义上我们可以看出，在第二次世界大战结束后形成的那个庞
大的第三世界或发展中国家群体中，非洲各新生国家所面临的发展任务，要比
世界其他地区的发展中国家更加艰巨、困难，面临的发展命题也更加广泛、复
杂。许多东西方国家在历史上已经取得的发展成就，比如，社会之整合与民族
一体化，国家政治制度之初步形成，统一而集权的官僚机构的建立及其功能、
职能的分化与专门化，相对统一的国家文化共识体系及语言文字、宗教信仰、
价值观念等方面的某种同质结构的出现和广泛交往关系的建立，等等，对于一
个民族或国家能否进入现代经济起飞阶段，能否进行广泛的社会动员并使广大
民众认可并参与到国家的经济发展事业中来而共同走向现代社会，都是不可或
缺的历史前提和发展的基础条件。而这一切，对于第二次世界大战后产生的非
洲各个年轻国家来说，都还相当的不发达，都还处在一个相对较低的历史起点
上，因而构成了这些国家在当代的发展进程中绕不过、躲不开的历史发展任
务，成为这些国家必须付出时间、勇气，要经历种种希望与挫折才能走过的艰
难发展阶段。

当代非洲现代化进程的成就，主要不是表现在经济增长或经济起飞方面，
而是集中体现在它的"国家构建与发展""民族构建与发展"方面，表现在它
的新型的"统一国民文化体系"的初步形成方面。20世纪60年代以来，非洲
大陆各个年轻国家，在实现由传统分散的部族社会向统一的、中央集权的现代
国家过渡的不懈努力方面，在实现由传统封闭分割的部族文化向同质一体化的
现代国民文化过渡转型的艰难追求方面，尽管历经曲折反复，但还是已经取得
了明显的进步和成效。事实上，在今日非洲大陆的许多国家中，一种超越部
族、地区、宗教的国家观念和国民意识，正在形成并被逐渐地认可。随着这种
统一国家文化力量的成长，随着这种富于凝聚力的统一国民文化环境的形成，
一些非洲国家已经逐渐有能力克服各自国家内部的分离内乱与冲突，政府的合
法性和权威性也开始得到本国民众的认同。尽管这一成就在非洲各个国家所达
到的水平和巩固的程度并不完全一致。特别是由于缺乏相应的经济发展成就做

支持，这一国家政治发展与民族发展的成就不仅受到了很大的抑制，而且已经取得的发展成就也是很不稳固的。

从一个大的历史发展进程上看，20世纪30—50年代是非洲大陆由殖民地到主权独立国家的民族解放运动时期，发展成就是获得了民族独立、自由、平等之地位，这是一切现代国家发展的前提；20世纪60—90年代是非洲由传统社会到构建现代国家的"民族国家构建与国民文化构建"时期，发展成就表现为统一的国家政治共同体的巩固和国民文化认同体系的成长。而21世纪的头二十年，非洲大陆将在上述两个发展成就的基础上，逐渐进入以经济发展和社会现代化为主题的新发展时期。非洲半个多世纪发展进程之三大步的推移，是一个合乎人类文明与国家形态成长的"自然历史过程"，我们若要透过错综复杂的历史迷雾而真正理解、把握非洲之现状与未来，不得不有这样的视野和知识。尽管这一过程在非洲数十个国家之间的发展水平与成就并不平衡，有的较为成功，有的历经曲折，这将是一个长期的过程，在发展的道路上还会有反复有动荡，但这一过程总体上一直在向前推进着。

四、非洲发展研究与理论创新舞台

在当代世界体系中，在当代人类追求现代发展的努力中，非洲大陆面临的问题是极其复杂而特殊的。正因为如此，在当代非洲数十个年轻国家与民族现代发展这一复杂进程中，正深藏着人类现代发展问题之最终获得解决的希望。可以说，非洲发展问题解决之时，便是现代人类发展进程历经磨难、千曲百回而终成正果之时，而要实现这一宏大目标，不能不说是对人类之智慧、毅力、良知、合作精神与普世情怀的最大挑战和考验。

从全球发展的前景上看，非洲大陆面积约三千零六十万平方千米，比中国、美国、欧洲各国三部分加起来还要大。无论是从理论的层面上还是从现实的角度上说，非洲大陆在自然资源、劳动力市场、商品消费市场等发展要素方面的规模与结构，它在未来可供拓展的发展潜力、增长空间，都会是具有全球性冲击力与影响力的。我们认为，虽然目前非洲大陆总体上尚比较落后，但这块广阔大陆上有五十多个有待发展的国家，有十亿以上有待解决温饱、小康到富裕问题的人民，其现代发展进程一旦真正启动并走上快车道，其影响与意义必将超出非洲自身而成为21世纪另一个具有全球性影响的人类发展事件。

在这个过程中，基于历史与现实的原因，中国或许正可以发挥某种特殊的作用，而非洲国家对此也有普遍的期待。在未来二十年里，如果中国能够与非洲国家建立起一种新型的战略合作关系，通过"政治上平等相待、经济上合作共赢、文化上交流互鉴、国际上相互支持"的全方位合作，促进非洲国家实现千年发展目标，推进非洲大陆的脱贫减贫和发展进程，那将会大大提升中国外交的国际感召力、亲和力、影响力，提升中国外交的国际形象和道德高度，改善中国外交的整体环境，减轻中国外交的外部压力，使国际上某些敌对势力恶意鼓吹的"中国威胁论""中国新殖民主义论""黄祸论"不攻自破。

近年来，非洲国家领导人、知识精英们对于中国的国际地位上升有着强烈的感受和认同，并因此而日益重视中非关系，重视与中国的合作，对中国的期待也随之上升。一些非洲国家领导人开始提出非洲大陆的"第二次解放"这样的概念。他们认为，非洲在20世纪60年代通过民族解放运动获得了政治解放，建立了数十个政治上独立的主权国家，但几十年来，非洲多数国家的经济发展一直比较缓慢，目前在国际上还处于依附与从属的地位。只有实现经济发展，才会有非洲的真正"解放"。当代中国的经济发展及其模式，给了非洲新的启发和思考，非洲应该有新的发展思路、新的发展战略与模式。一些非洲国家领导人提出，与中国乃至亚洲新兴国家的合作，或许可以为非洲的"第二次解放"带来新的机会，也可能是非洲再不可错过的机会。对于非洲大陆正在酝酿的这一历史性变化，我们应该给予高度重视，放眼长远，审慎把握，顺势而为。我们认为，新时期中非合作的战略意义就在于它可以从外部国际环境方面有效延伸中国现代化发展的战略机遇期，拓展中国现代化发展事业所必需的外部发展空间，并在复杂变动着的国际格局下继续实施和优化"走出去"战略。

事实上，在当今这样一个相互依存的全球化时代，发展早已成为人类面临的共同问题，当代非洲发展问题之最终解决，与其说是非洲自身的问题，毋宁说是全人类的共同问题。对于任何一个富于理论探索勇气与实践创新精神的人来说，当代非洲发展问题之理论上的探索与实践上的尝试，无论是从经济学、政治学、社会学的层面上看，还是从人类学、民族学、文化学的层面上看，都会是充满挑战性与刺激性的，其中必然会有孕育人类知识与理论创新的巨大空间与机会。

在这个巨大的理论、知识、实践的创新空间与机会面前，当代中国学术界、思想界能够有所作为、有所贡献吗？能够在这个关于当代非洲发展问题研究的国际学术平台上有一席之地甚至更多的发言权吗？

过去三十年，中国因自身的艰苦努力，因自身的文明结构中一些积极因素的作用，因比较好地利用了全球化带来的机遇，而成为发展最快、受益最多的国家，而相形之下，非洲大陆却似乎成为全球化进程中受负面影响最大的地区，成为发展进程最为缓慢的地区之一。虽然从一个长远的进程来看，非洲未必就一定是现代发展的失败者，非洲过去三十年也有许多进步，而中国本身也还远未达到可以轻言现代化大功告成而沾沾自喜之界。但是不管怎样，在认知非洲之文化与文明，在探求非洲之现代发展进程这个重大而复杂的命题方面，西方确实一度走在了中国前面，今日的中国应该在此领域有自己的新的思考与探寻。

我们常说，中国是一个大国，一个文明古国。远在古代，在自身文明的视域以内，中国人就建立了古人称为"天下"的世界情怀，建立起了具有普世色彩的"大同"理想，其中的宽广与远大，在根本上支持着中华民族的生存与发展。今日，肩负新的历史重任的中国当代学者，更应该有一种中国特色的普世理想，发展起来的中国应该对世界对人类有所贡献。我们想表述的是，中国学术之未来，应该有一个更开阔的全球眼光，一个更完整意义上的全球品格，关注的视野应该更全面一些，胸襟与气度更开阔一些，以此来努力锻造我们作为一个文明古国、世界性大国的现代学术品格与敞朗境界，以一种更具学术单纯性与普世性的情怀，涉足、关怀、问鼎一切挑战人类思想险滩、攀越智慧险峰的领域，即便它与我们当下之生活、眼前之发展目标似乎相距甚远，也当远涉重洋、努力求之。①我们希望，在未来的年代，会有越来越多的中国年轻学子向着那"遥远而清冷"之非洲研究学术领域探寻，去拓展出日见广大之中国学术"新边疆"，以中华文明之慧眼识得异域之风光，拾回他乡之珍珠，用以丰

---

① 据说，一千多年前，伊斯兰教先知穆罕默德曾这样说过："学问虽远在中国，亦当求之。"

富现代中国之学术殿堂。

五、非洲研究与中国学术的全球胸襟

一百年前，梁启超在谈到中华与世界之关系时，也曾就中国文明演进之历史形态有一个"三段论"的基本看法。在他看来，中华文明由上古之时迄于秦统一王朝建立之三千年，为"中国之中国"时期。在此阶段，中国文明之存在，尚限于中华之本土，为自生自长之中华文明。由秦汉及于18世纪末期乾隆末年之两千年，是为"亚洲之中国"时期。在此期间，中华文明之存在范围已扩展出中华本土，开始将其影响逐渐波及周边之亚洲各地，成为"亚洲之中国"。而清代乾隆末年之后，中国则进入"世界之中国"的大变革时期，中华文明开始向着"世界之中华"的第三期转变。[①]当时，梁启超曾把这一外力推动下的变革称为中华文明"千古未有之变局"。基于此种对中华与世界关系走向的总体认识，将此古老之中华民族改造为具有世界眼光、对人类命运有所担当的"世界公民"，也成为梁启超心目中的"少年中国"的梦想。[②]

百年过去，梁启超的梦想似乎正在一天天地成为现实。事实上，伴随着当代中国政治经济快速发展与全球化进程，中华文明在承继传统并使之发扬光大的背景下，也进入一个面向外部世界而转型重构的新阶段，中华文明与外部世界的关系结构正在发生历史性的变革，逐渐地成为一种"世界性之文明"。这是一个立根于中华文明包容、开放、理性之传统品质而必然要向前推进的过程，其意义重大而深远。而在这一转变过程中，来自非洲的独特文明，对于遥远非洲的认知与了解，在当代中国人的现代世界图景的构建过程中，正发挥一种特殊的增益作用。

我们说，千百年来，中华文化总体上是在东方世界演进的。国人的思维结构、生活方式、情感表达，总体上已是自成一统，成规成矩，如空气一般自我不觉却时时框定着国人的生命存在状态，影响着国人与外部世界的交往方式。

① 梁启超：《饮冰室合集·文集之六》，中华书局1989年版，第583页。
② 梁启超《少年中国说》："纵有千古，横有八荒。前途似海，来日方长。美哉我少年中国，与天不老；壮哉我中国少年，与国无疆！"

近代以后，因西风东渐与欧式文明洗礼，国人多了一个认知世界的维度，国人的世界观与自我认识为之拓宽和改变。但西方帝国如此强势，相形落后了的中国，于救亡图存之中努力认知西方，移译西学，以为变法求强之路径。百年来，中国人学习西方可谓成效甚大，这一师法欧美的过程本身也便构成中国文明复兴与崛起过程之一侧影。不过，在此过程中，太过强势的西方文明几被国人理解成为一种普适性的世界文明，部分国人更以西式文明为现代文明之同义语，以西式文明之尺度为一切文明之尺度，其结果，是使国人之世界观念于不知不觉中形成了一种"中西二元"维度，向外部世界开放也就几乎成为向西方文明开放。在许多时候，我们所说的"中外文明"已经变成了"中西文明"，所谓进行"中外文明比较研究"，其实是进行"中西文明比较研究"。在很长一段时间中，我们对世界的认知，总体上跳不出这种"中西对比""不中即西"的二元思维结构与对比框架的束缚。

然而，20世纪50年代以后中国与遥远非洲大陆现代关系的建立，以及这种关系在随后年代的不断发展与提升，让国人看到了另一个完全不同的世界，感受到了另一种全然不同的文化。虽然在过去半个世纪里，在西方主导的世界体系中，中国和非洲皆处于相对落后边缘之境地，其文化于世界之影响也呈弱势之态，但中非双方自主交往关系的建立，给了当代中国人另一个观察世界的窗口。这一窗口即便尚小，却也透进了不同的景色。循着这小小窗口，国人得以意识到世界之大，远非中国和西方可包裹全部。

半个多世纪以来，通过与遥远非洲文明的交往，中国人开始切实地感受到全球范围内那些既不属于西方也不属于中国的人类多样性文明与历史形态的真实存在。通过日益增多的多元文明之间的直接交往和由此而来的认知世界的视角变换，中国人对于全球社会和现代性的认知，终于突破了"中西二元对立"的简单思维模式及其偏颇，而开始呈现出新的更加多元、更加复杂也更加均衡的认知取向。事实上，今日之破除"中西二元"史观，与近代早期中华先贤"睁眼看世界"而摈弃夷夏之辨和"天朝中心"之传统史地观念，进而树立五大洲四大洋之新世界史地观，在某种意义上实有异曲同工之妙。而这，正是建构有特色之中国非洲学的特殊意义所在。

六、非洲情怀、中国特色、全球视野：路径与取向

中华文明是在一个极为广阔之疆域上发展起来的多样性和整体性并存的文明，一个由内地汉民族和边疆各民族构成的多民族国家共同体。作为一个疆域辽阔的古老大国，中华文明在历史上之所以得以长期存在与持久繁荣，一个重要原因是它始终以一种包容、持中、理性的文明观念，兼容并包地综合汲取国内数十个民族之文化财富和思想智慧。这一优良传统使中华民族在其漫长历史上形成了一种富于内部凝聚力和外部感召力的多民族国家文化关系结构，一种在多元而差异的自然与文化环境中维持多民族国家长期存在与持久繁荣的政治智慧和国家传统，这正是中华民族传承下来的一笔珍贵历史财富。①

在人类走向21世纪的今天，这一古老传统依然有其独特之价值和意义。在相互依存之全球化时代，没有一个国家和民族可以独享繁荣与太平。从根本上说，作为一个疆域辽阔的世界性大国，今日中华民族复兴大业之最终完成，其内在的方面，需以中华民族内部汉民族与各少数民族之共同繁荣共同发展为基础，而其外在的方面，则需要以开阔之胸襟和多维之眼光，在与东西南北之世界多元文明交流汇合的过程中，锻造中华民族在全球化之时代与世界上所有民族共生共存的能力和品质。

从世界文明和全球历史的时空结构上看，推进古老的中华文明、原生的非洲文明、现代的西方文明这三大文明体系之交流和结合，实有助于为中华文明在当代的自我超越和现代复兴提供一个坚实的三角支柱，一个开阔的三维空间。因为这三大文明形态，中华的、西方的、非洲的，各有其独特之历史背景和发展形态，各有其优长之文化魅力和精神品质，它们提供了最具互补性的文化结构和知识形态。这三大文明之交融互动，正可以为当代中国人提供更平衡、更全面的精神形态和文化模式，使当代中华文明在复兴与崛起过程中，得

---

① 对于中华文明之多样性及中华文明区域结构下汉民族文化与边疆少数民族文化之互动问题的比较研究，是笔者从世界范围思考中华文明与非洲文明交流合作的一个相关性维度，参见刘鸿武：《民族文化关系结构的独特性与中国文化的连续性发展》，《思想战线》1996年第2期；刘鸿武等：《中国少数民族文化简史》，云南人民出版社1996年版。

以在天、地、人的不同层面上，在科学、艺术、自然的不同维度上，实现更好的综合和平衡。①

今天，在经过了漫长岁月的沧桑磨难后，非洲文明依然保持着它的个性和活力，依然作为现代世界文明体系中的重要部分丰富着人类的精神世界。无论人们怎样地轻视非洲，从经济和政治的角度将非洲边缘化，但如果我们这个世界没有非洲，那这个世界一定会"因失去许多的奇异光彩与生命激情而变得更单调乏味"②。实际上，离开非洲文明的元素和贡献，现代世界文明几乎是不可想象的。然而，我们对非洲文明能做何种欣赏，我们能否看重非洲文明的精神价值与生存意义，在很大程度上取决于我们内心有着怎样的感知力，取决于我们内心世界有着怎样的包容度。虽然说从西方现代文明的角度上看，非洲常常被理解为原始的、落后的、不发达的，但从人类文明的本真意义上看，正是因为非洲文明的存在，我们才得以知道人类那不加修凿的本真文明应该是什么样子，我们才得以感受到那让我们心灵自由起来的淳朴生命快乐是什么。非洲艺术的天然品质，非洲音乐的本真美感，都足以冲洗现代物质文明施加在我们心头的铅尘，都足以让我们那被现代都市文明压迫而扭曲的精神生命重新伸展开来。

时代环境的变革为中非合作关系跃上历史新高提供了机遇，也为中国的非洲问题研究提供了广阔的社会基础与发展条件。在此过程中，我们认为，"非洲情怀、中国特色、全球视野"这三个层面的有机结合与互为补充，"承续中国学术传统、借鉴国外研究成果、总结中非关系实践"三个维度的综合融通与推陈出新，或许可以作为未来时代中国之非洲学建构过程中努力追求与开拓的某种学术境界和思想维度，某种努力塑造的治学理念和学术品质。③

所谓"非洲情怀"，是想表述这样一种理念，即但凡我们研究非洲文明，认知非洲文化，理解非洲的意义，先得要在心中去除对非洲之偏见与轻视，懂得这块大陆之人民，数千年来必有不凡之创造、特殊之贡献，必有值得他人尊

---

① 关于非洲本土知识系统及传统文化的现代价值与意义，参见刘鸿武等：《基于本土知识的非洲发展战略选择——非洲本土知识研究论纲（上、下）》，《西亚非洲》2008年第1—2期。
② W. Beby. *African Music: A People's Art.* Lawrence Hill, 1975, p.29.
③ "非洲情怀、中国特色、全球视野"是浙江师范大学非洲研究院追求的治学风格与治学境界。

重之处。19世纪中叶，魏源遥望非洲而告诉国人，非洲之"天文历算灵奇瑰杰，乌知异日不横被六合，与欧罗巴埒钦"，此番情怀，足显中华贤哲于世界大势之开阔视野与历史情怀。对非洲人民和他们创造的历史文化，我们当怀有一份"敬意"与"温情"，一份"赏爱之情"与"关爱之意"。或许，有了此般非洲情怀，有了此般非洲情结，方能在非洲研究这一相对冷寂艰苦的领域有所坚持、有所深入，才愿意一次次地前往非洲，深入非洲大陆，做长期而艰苦的田野调查、实地研究，以自己的切身经历和观察去研究非洲，感悟非洲文明的个性与魅力。而所谓"中国特色"，在于表明，今日中国对非洲之认知，自当站在中华文明的深厚土壤上，站在当代中非合作关系丰富实践的基础上，秉持中华文明开放、包容、持中之传统，以中国独特之视角、立场与眼光，来重新理解、认知非洲文明及当代中非关系。这种立场，一方面需要了解和借鉴西方对非洲认知的成果，尊重西方学者过去百年创造的学术成果，但也不是简单地跟在西方的后面，如鹦鹉学说他人言语。毕竟，作为中国人，若要懂得非洲文明，也必得对中华文明个性、对中国学术传统有一份足够的理解和掌握，知己知彼，并有所比较，看出中国文明与非洲文明之何异何同、共性与个性。而所谓"全球视野"，是说在今日之世界，我们无论是认知非洲文明，还是认知中华文明，自然都不可只限于一隅之所、一孔之见，既不只是西方的视角，也不局限于中国的眼光，而是应有更开阔的全人类之视野，有更多元开放的眼界，在多维互动、多边对话的过程中，寻求人类之共同理想和普遍情感。

更为具体言之，中国的非洲认识和研究，或者说其"中国特色"，可以分为三个不同但相互关联的层次：第一个层次是服务于并产生于国家和人民之间了解交往的一般知识，如非洲的自然地理、国家与人民、历史与文化、风土与人情及与中华文明的比较等一般知识；第二个层次是为现实的中非合作与交流服务的关于非洲的政治、经济、社会、文化、国际关系等的专门的理论研究和政策研究；第三个层次是在"社会科学发展"一般意义上的非洲学术研究。三个层次中，第一个层次的知识属于感性的层面，它们是具有普遍性的全球知识的一部分，在这一层面上，中国的非洲认识是全世界的非洲认识的一部分；第二个层次则是时代的和专属的，它针对并服务于中国的对外开放和中国的和平发展战略，服务于中非合作发展的战略关系，具有特定的现实意义；第三个层次则是纯粹知识和科学层面上的，具有最为一般性、学术性、个体性的纯粹知识与思想形态的研究。加强这一部分的研究，正是当代中国文明及当代中国社会科学获得现代性发展的内在要求，也是有效克服百多年来引导同时也束缚中国学术思想发展的"中西二元"思维惯性及相应的"古今中西"狭隘框架的现实途径，是中国思想界从根本上建立自己的现代性知识话语体系，实现与他人平等对话交流所必需的知识平台。

当今时代，世界历史进程正进入一个新的大变革时期。我们有理由相信，当代中非关系之发展，当代中非文明对话与合作事业的持续推进，必将作为具有中国特色的外交与国际合作实践的一个重要方面，从人类社会发展与全球体系变革的深层意义上引导中国学人思考如何在更广泛的层面上推动当代中国国际关系学、外交学、世界史学及发展理论和国际合作理论诸学科的变革与创新。

致 谢

后独立时期，每个非洲国家都在努力解决高等教育在发展中所发挥的作用这一棘手问题。虽然多项非洲高等教育研究间接地涉及了这个问题，但很少有人直接研究它。经过近三年的磋商和讨论，高等教育改革中心（Centre for Higher Education Transformation，CHET）和非洲高等教育合作伙伴（Partnership for Higher Education in Africa，PHEA）的高级研究员们才建立起非洲高等教育研究和倡导网络项目（Higher Education Research and Advocacy Network in Africa，HERANA）。①

我们要感谢非洲高等教育合作伙伴支持这样一个具有潜在争议且不易由单个基金会资助的复杂项目。福特基金会（Ford Foundation）、纽约卡内基公司（Carnegie Corporation of New York）、洛克菲勒基金会（Rockefeller Foundation）和克雷斯吉基金会（Kresge Foundation）的加盟增强了参加该项目的高等教育领导者和学者的信心。我们要特别感谢福特基金会的约翰·布特勒-亚当（John Butler-Adam）博士，他在这个项目中起着"统领"PHEA的作用，同时也感谢卡内基基金会的克劳迪娅·福瑞特利（Claudia Frittelli）博士的积极参与。

HERANA项目的能力建设主要体现在非洲高等教育的硕士生培养上，在该项目中，西开普大学（University of the Western Cape）、麦克雷雷大学（Makerere University）和奥斯陆大学（University of Oslo）共同培养了来自八个非洲国家的硕士生。硕士项目由挪威发展合作署（Norwegian Agency for Development Cooperation，NORAD）的NOMA项目资助，托弗·姬薇儿（Tove Kivil）女士提供后续支持。

我们还要感谢参与了HERANA项目的八所大学的副校长们，他们表达了对HERANA项目的信心，为HERANA项目指派了提供大学数据并参与HERANA

---

① 有关HERANA项目的各个组成部分、参与者和出版物的说明，请访问网站 http://www.chet.org.za/programmes/herana。

项目的相关工作人员（参见下文项目小组），完整的项目参与者名单详见附录B。

我们还要特别感谢曼纽尔·卡斯特尔（Manuel Castells）教授。1991年，他的开创性论文——《大学体系：新世界经济发展的引擎》不仅改变了世界银行等机构的思想，而且启发了HERANA项目组。卡斯特尔教授的持续参与和支持，对HERANA项目来说既是激励也是挑战。

对于HERANA项目和"世界大学新闻"（University World News）几乎同时启动的巧合，我们感到十分荣幸。世界大学新闻拥有约三万名读者，其中大约一万四千名读者订阅了非洲版，它已成为HERANA项目发布信息的平台和获取信息资源的来源。我们很高兴与编辑凯伦·麦格雷戈女士（Karen MacGregor）合作。

最后，我们要感谢CHET董事会，董事会不仅表达了对CHET领导层的信心，还参与了建立HERANA的磋商。积极参与该项目的四名成员是纽约大学董事会主席泰波侯·摩迦（Teboho Moja）教授、联合国教科文组织的莉迪亚·布里托（Lidia Brito）博士、非洲大学协会前秘书长古拉姆·莫罕穆德海（Goolam Mohamedbhai）博士和加纳大学的艾希·萨塞兰德－安迪（Esi Sutherland–Addy）博士。

项目组成员

学术顾问

高等教育研究

奥斯陆大学皮特·马森（Peter Maassen）教授

西开普大学高等教育改革中心主任尼克·克卢蒂（Nico Cloete）

发展经济学

金山大学番迪·皮莱（Pundy Pillay）教授

社会学

开普敦大学约翰·穆勒（Johan Muller）教授

研究人员

尼科·克卢蒂（高等教育改革中心主任）

番迪·皮莱（金山大学）

皮特·马森（奥斯陆大学）

翠西·蓓莉（Tracy Bailey，高等教育改革中心项目经理）

杰拉尔德·欧玛（Gerald Ouma，西开普大学）

罗穆洛·皮涅罗（Romulo Pinheiro，奥斯陆大学）

帕特里西奥·郎加（Patricio Langa，爱德华·蒙德拉内大学和西开普大学）

学术核心数据和分析

教育部和高等教育改革中心顾问伊恩·布丁（Ian Bunting）和纳尔逊·曼德拉城市大学查尔斯·谢泼德（Charles Sheppard）教授（负责收集和分析学术核心数据）

斯坦陵布什大学科技研究中心莱刘思·博肖夫（Nelius Bosheff）（负责收集科研产出数据）

项目助理

高等教育改革中心管理人员安吉拉·米亚斯（Angela Mias）

编辑凯伦·麦格雷戈（Karen MacGregor）、斯蒂芬妮·斯瓦内普尔（Stefanie Swanepoel）和米歇尔·薇儿梅斯（Michelle Willmers）

研究助理和数据核查莫妮可·里特（Monique Ritter）

誊写卡琳·法维斯（Carin Favis）

资金管理凯西·格雷哈姆（Kathy Graham）和马琳·提图斯（Marlene Titus）

外部评论员

洛杉矶南加利福尼亚大学和巴塞罗那加泰罗尼亚开放大学网络跨学科研究院曼纽尔·卡斯特尔斯（Manuel Castells）教授

伯克利加利福尼亚大学高等教育研究中心约翰·道格拉斯（John Douglass）

非洲各大学联系人

博茨瓦纳大学

艾萨克·马荣达（Isaac Mazonde，主任，负责研发）教授、戴维·凯泽克（David Katzke，名誉校长，负责财务和管理）、赛拉斯·奥纳伦纳（Silas Onalenna，主任助理，从事院校研究）

达累斯萨拉姆大学

语言系丹尼尔·穆库德（Daniel Mkude）教授和公共服务理事会执行主任阿曼迪娜·里哈姆巴（Amandina Lihamba）教授

爱德华·蒙德拉内大学

教育学院玛丽亚·达·康西卡奥（Maria da Concercao）教授和帕特里西奥（Patricio Langa）博士

加纳大学

农业和消费科学学院院长本·阿乎鲁（Ben Ahunu）、规划处处长阿尔弗雷德·夸雷塔耶（Alfred Quartey）和注册主任约瑟夫·布都（Joseph Budu）博士

麦克雷雷大学

质量保障中心主任文森特·森姆巴特雅（Vincent Ssembatya）教授和发展规划处弗洛伦斯·那卡伊娃-马也嘎（Florence Nakayiwa-Mayega）博士

毛里求斯大学

质量保障中心主任基肖尔·巴古安塔（Kishore Baguant）、科学学院亨利·李·坎姆·瓦尔（Heri Li kam Wah）教授以及质量保障中心安加娜·黛波（Anjana Daiboo）

内罗毕大学

注册主任伯纳德·瓦维鲁（Bernard Waweru）和发展研究院塞缪尔·姬路（Samuel Kiiru）

纳尔逊·曼德拉城市大学

发展规划处主任希瑟·奈尔（Heather Nel）和信息管理主任查尔斯·谢泼德

缩略语和缩写

CHET（Centre for Higher Education Transformation）　　　　高等教育改革中心

FTE（Full-time Equivalent）　　　　　　　　　　　　　　全时当量

HDI（Human Development Index）　　　　　　　　　　　人类发展指数

HERANA（Higher Education Research and Advocacy Network in Africa）

　　　　　　　　　　　　　　　　　　　非洲高等教育研究和倡导网络

ISI（Institute for Scientific Information）　　　　　　美国科学信息研究所

NGO（Non-Governmental Organization）　　　　　　　　　非政府组织

NMMU（Nelson Mandela Metropolitan University）　　纳尔逊·曼德拉城市大学

OECD（Organization for Economic Cooperation and Development）

　　　　　　　　　　　　　　　　　　　　　经济合作与发展组织

PPP（Purchasing Power Parity）　　　　　　　　　　　　购买力平价

SEACMEQ（Southern and Eastern Africa Consortium for Monitoring Educational
Quality）　　　　　　　　　　　南部非洲和东非教育质量监测联盟

SET（Science，Engineering and Technology）　　　　科学、工程和技术

SIDA/SAREC（Swedish International Development Cooperation Agency/Department of
Research Cooperation）　　　　瑞典国际开发合作署／研究合作部

SME（Small and Medium-sized Enterprise）　　　　　　中小企业

UNDP（United Nations Development Programme）　　　联合国开发计划署

UNESCO（United Nations Educational，Scientific and Cultural Organization）

　　　　　　　　　　　　　　　　　　　　　联合国教科文组织

USA（United States of America）　　　　　　　　　　美利坚合众国

USD（United States Dollar）　　　　　　　　　　　　　　美元

WEF（World Economic Forum）　　　　　　　　　　　世界经济论坛

目 录
CONTENTS

第一章

引言和研究背景

　　本章首先简要概述了国际高等教育与发展之间，以及非洲高等教育与发展之间的关系及趋势。然后，介绍了本研究的研究重点、研究方法和分析的出发点。

第一节　高等教育与经济发展的关系[①]

一、国际趋势

　　过去几十年，"全球化"和"知识经济"的出现带来了新的经济、社会、政治和文化的挑战，各国、各地区的高等教育体系和机构正在应对这些挑战。人们普遍认为，在这些新挑战背景下，通常被称为"人力资本"的知识、能力和技能在发展中发挥着越来越重要的作用，研究、创新和技术发展也是如此（Castells，2002）。知识的生产、积累、转换和应用已成为社会经济发展的主要因素，并日益成为在全球知识经济中具有竞争优势的国家的发展战略核心（Santiago et al.，2008；World Bank，1999，2002）。

　　许多人认为，高等教育机构在满足知识发展的需求方面发挥着关键作用，例如，研究表明，高等教育入学率与发展水平之间有着密切的联系。许多高收入国家的高等教育入学率远远超过50%，但撒哈拉以南的大部分非洲国家的高等教育入学率在5%以下（Bloom et al.，2006）。此外，越来越多的证据表明，高级别的教育，特别是高等教育，对于新技术的开发和有效使用至关重要，同时，它们也为国家的创新能力发展奠定了基础，并且比任何其他社会机构都更有助于公民社会的发展（Carnoy et al.，1993；Serageldin，2000）。

---

① HERANA项目第一阶段的研究侧重于非洲高等教育与发展在两个维度上的关系。第一维度是民主发展，主要侧重于学生公民身份的发展；第二个维度，也是本书的主题，侧重关注经济发展。在这本书中，我们刻意回避了一个不可避免的、冗长而未解决的问题，即更广泛地讨论什么是发展，更具体地讨论经济发展。简而言之，我们对经济发展的理解超越了经济增长，包括了人的发展和社会发展指标。关于这个观点的更多细节，读者可以参考附录A。

这类"证据"导致一些国家将知识和创新政策以及高等教育作为其发展战略的核心。在发达国家中，最著名的模式是芬兰模式，经历20世纪90年代初的严重衰退之后，芬兰选择将知识、信息技术和教育作为新（经济）发展政策的主要基石（Höltta，Malkki，2000）。韩国、新加坡、丹麦、澳大利亚和新西兰也成功地沿着这条路线前进。

自20世纪90年代初以来，中国和印度经济呈现前所未有的持续增长。中国通过吸引大量外资，然后通过对教育和研究的巨额投资，建立了本土知识能力，开始了以知识为基础的增长轨道。印度通过巧妙地利用知识资产，成功地充分利用了其精英教育机构，并抓住了与国际信息技术相关的机会。然而，中国和印度经济在高等教育方面表现出了两个重要特征，使它们与20世纪80年代的"亚洲四小龙"以及其他发展中国家或地区有所不同。首先，对高等教育的投资被视为对中小学教育提供更广泛的机会和提高质量的平行过程（而不是连续过程）。其次，中国和印度的经济发展模式证明，以第一部门活动（农业和矿业）为发展主导，其次为制造业，最后是服务业的传统增长路径并不一定成立。

发展中国家吸收、利用和改进主要高收入国家开发技术的速度和程度，将决定它们是否能够实现更快速地向更高水平发展和更高生活水平过渡。通过这种方式，一些发展中国家和新兴经济体通过投资高等教育实现了"跨越式发展"的发展阶段。

二、非洲背景

非洲高等教育与经济发展之间的联系是什么？

非洲的历史和具体情况使人们对高等教育在国家发展中的作用有了特别的理解。独立后，预计非洲的大学①将成为其所在国人力资源需求的主要贡献者。高等教育特别注重培养公务员和为公共职业发展人力资源。这是为了解决殖民

---

① 在独立时，大多数非洲国家的高等教育体系仅限于一所国立大学。因此，那时候还谈不上高等教育体系。

主义下非洲地区的大学极度不发达的状况，以及非洲独立后行政人员和专业人员离开非洲殖民地导致非洲地区人力资源严重短缺的问题。

1960年被称为"非洲独立年"和所谓"十年发展"的开端。1962年9月，联合国教科文组织主办了非洲高等教育发展会议。十年后，即1972年7月，非洲大学协会在阿克拉举办了研讨会，主题是"大学在发展中的作用"（Yesufu，1973）。现在著名的《阿克拉宣言》强调了大学在新独立的非洲国家中的重要性，所有大学都必须是"发展大学"（引文同上）。有争议的是，研讨会参与者一致认为这是一项非常重要的任务，但是大学不能单独留给学者，政府也应该承担引导大学发展方向的责任。[①]

尽管许多非洲民族主义学者热情地支持"发展大学"的作用，认为它是他们与主导院校机构的外籍教授们竞争的优势，但又对它与外籍教授及一些"精于世故的"非洲学者联系在一起感到不舒服。这后一组人更乐于接受大学作为自治机构（即主要由学者管理）的传统模式，而传统模式当时在英国和美国占主导地位。在非洲地区独立后的前二十年中，自治传统模式是高等教育的主导模式，"解放"政府[②]与大学之间达成了强烈的共识，即精英大学的作用是为新国家创造人力资本。

在促进大学发展方面，非洲各国政府有其言却少其行。部分原因是这些国家的政府没有制定协调一致的发展模式。此外，越来越多的人、地卷入内部权力斗争和外部政治事务中，如冷战以及世界银行等供资机构的事务。相反，"不要让大学独善其身"使政府成为干涉，而不是指导（Moja et al.，1996）。因此，大学成为争论的场所，部分争论围绕新国家的发展模式，部分争论围绕缺乏交付，其中包括对院校的资助不足。结果是许多政府、其他利益相关者和学者对大学在国家发展中的作用持怀疑态度，即便不是质疑态度。这导致了一种观念，即高等教育是不必要的"奢侈辅助"[③]，因为很难看出大学对发展做出了什么贡献。在某种程度上，这是长期的经济危机和高等教育的高成本导

---

① 可以说，直到2009年，这是非洲各国政府最后一次同意，至少在"大陆声明"中承认，大学对发展很重要（MacGregor，2009）。
② 许多解放运动领导人曾在外国大学学习。
③ 世界银行的专家在1986年与非洲大学副校长们举行的一次会议上认为，非洲的高等教育是一种奢侈行为，最好关闭一些机构，或者把需要研究生学历的人送到国外（Brock-Utne，2003：30）。

致的。

正是在这一时期，世界银行提出了臭名昭著的以教育研究投资回报率为基础（Psacharopoulos et al., 1986）的结论，非洲的发展努力应重新集中于初级教育。非洲人均高等教育支出急剧下降清楚地表明了这一点：每个大学生的公共开支从1980年的6800美元下降到2002年的1200美元，惊人地下降了82%，而在33个撒哈拉以南的低收入非洲国家，平均公共开支只有981美元。

与中国和印度在发展战略中同时强调高等教育和中小学教育的做法不同，世界银行在非洲的战略起到了使大学脱离发展的作用。此外，世界银行促成了对非洲国家及其可持续发展潜力产生不利影响的发展政策。忽视高等教育，导致研究中心、医学院、农业中心、电信和技术开发、商业培训中心、职业学校和高等教育部门与非洲社会及其经济发展的至关重要的领域的分离。①

在20世纪90年代和21世纪初，一些有影响力的声音开始呼吁振兴非洲大学，并将高等教育与发展联系起来（Sawyerr, 2004）。世界银行自身在其开创性论文《大学系统：新世界经济发展的引擎》的支持下，开始接受高等教育在知识经济和世界发展中的作用（Castells, 1991）。随后，世界银行赞助的研究强化了以上立场，如Bloom等（2006）的实证研究证明了非洲高等教育投资与国内生产总值之间的关系。非洲开发银行（Kamara, Nyende, 2007）和世界银行的后续研究也产生了其他证据。

时任联合国秘书长的科菲·安南（Kofi Annan）大力宣传大学对非洲发展的重要性（Bloom et al., 2006: 2）：

> 大学必须成为新世纪非洲发展的主要工具。大学可以提供帮助非洲发展的专门知识；它们可以加强对非洲问题的分析；加强国内机构；作为实行善政、解决冲突和尊重人权的示范环境，并使非洲学者能够在全球学者群体中发挥积极作用。

---

① 非洲大学的衰落和商业化已经有了很好的记录，这里不需要详细阐述。例如，见Mamdani（2008）和美国国会（1994）对美国国会非洲事务小组委员会的贡献。

　　这一雄心勃勃的高等教育主张在2009年联合国教科文组织世界高等教育会议的筹备会上得到一些非洲教育部长的认可。MacGregor（2009b）报告说，部长们"呼吁改进对大学的资助并设立支助基金，以加强关键领域的培训和研究"。

　　虽然上述发言清楚地表明高等教育在发展中起的作用，但它们并没有说明这一作用具体是什么。在"发展工具"的概念中似乎隐藏着两种不同的概念：一种是直接的、工具性的或"服务性"的作用；另一种是以加强知识产出和大学在创新过程中的作用为基础的"发展引擎"作用。

　　工具主义的作用可以说是两种非洲高等教育发展观念中最主要的一种。例如，外国捐助者和振兴大学的联合国教科文组织等多边机构在许多情况下是以以下假设为基础的：大学是"专业知识的储存库"，应将其应用于解决紧迫的发展问题，如减少贫穷和普及教育。

　　非洲大学作为服务提供者的这种思想在学术界本身也很强烈，特别是在某些后殖民时期。"世界大学新闻"（University World News）报道，在2010年4月的英联邦大学协会会议（Association of Commonwealth Universities Conference）中，有人指出："大学必须是'城堡而不是孤岛'，如果要积极推动全球发展，就要捍卫周围的社区而不是内向型目标（MacGregor, Makoni, 2010），大学必须'更直接地将它们的活动定位于支持联合国千年发展目标'（MacGregor, 2010）。"南部非洲地区大学协会（Southern African Regional Universities Association）首席执行官比玉斯·科特查（Piyushi Kotecha）认为，近几十年来，高等教育对个人发展和推动社会经济发展都具有越来越重要的意义，"相比以往任何时候，在政府无法承担增长和发展责任的发展中国家，高等教育被期待承担起增长和发展的责任"（引文同上）。

　　这种直接的工具主义概念假定大学拥有可能在业余时间积累起来的（过剩的）专门知识，这些知识必须能直接或以合作关系的方式解决紧迫的社会经济问题，例如：贫困、疾病以及私营企业或公司的竞争等问题。

　　安南的"发展工具"理念中嵌入的高等教育的第二个角色是卡斯特尔（Castells）的"发展引擎"概念，它已成为经济合作与发展组织（Organization for Economic Cooperation and Development, OECD）中许多国家的主导话语。

Castells（2009）将这一概念描述如下：

> 在当前全球知识经济的条件下，知识生产和技术创新成为最重要
> 的生产力。因此，如果没有由大学、私营部门、公共研究中心和外部
> 资金组成的，至少具有一定水平的国家研究体系，任何国家，即使是
> 最小的国家，都不可能真正参与全球知识经济。

最近，有人呼吁将这种高等教育纳入发展。例如，哈佛大学非常著名的非洲科学家卡莱斯图斯·祖玛（Calestous Juma）通过联合国科学、技术和创新千年项目工作组不断推动高等教育在以科学为主导的发展中的作用（Juma，Yee-Cheong，2005）。此外，2003 年 11 月在非洲发展新伙伴关系（New Partnership for Africa's Development，NEPAD）和非洲联盟的支持下成立的非洲科学和技术部长理事会（African Ministerial Council on Science and Technology，AMCOST）为制定政策和确定非洲科学、技术、研究和创新促进发展的优先事项建立了高级别平台。

第二节 先前研究重点

正如皮莱（Pillay，2010a）对文献的回顾所表明的那样，对高等教育与经济发展之间的关系所进行的大部分研究都是计量经济学研究。此类研究的例子包括：

◎高等教育对经济增长的影响，例如衡量高等教育参与率（即具有高等教育资格证书的人口比例）与全球、区域或地方经济增长率或技术进步之间的相关性的研究；

◎衡量投资于高等教育的私人和公共利益的"回报率"研究（例如增加税收收入、储蓄和投资，以及创建一个更有生产力、更具创业精神的公民的社会）；

◎高等教育在为劳动力市场创造人力资本方面的作用（例如与技能匮乏、技能供不应求和个人流动有关的问题）；

◎关注高等教育机构如何为私营企业采用新技术做出贡献的研究，包括校企合作日益增多的重要性；

◎知识经济对高等教育机构的影响，包括所需毕业生的种类（例如终身学习、知识密集型工作的准备等）、开展研究的方式、政策启示，以及影响高等教育机构运作的监管框架。

从广义上讲，过去几十年来，有关高等教育和经济发展关系的文献大量增多，但这方面的先前研究仍有一些局限性。这些局限性表现在缺乏注重高等教育和经济发展关系之特征和动态的研究；缺乏促进或抑制高等教育与经济发展两者关系发展的环境因素和院校因素的研究；缺乏非洲高等教育与经济发展关系的研究；缺乏同时考虑国家因素和院校因素的非洲高等教育与经济发展的研究。

本研究试图从高等教育研究、院校理论和发展经济学领域提供的理论视角来解决这些研究的不足。这意味着在开发我们的分析模型时，我们不想遵循"非洲例外论"的方法。[①]我们认为，为了理解非洲大学对（经济）发展的贡献，我们首先必须将这些机构视为大学进行审查，以大学独特的基本特征为出发点（Clark，1983）。此外，为了建立有效的分析框架，我们还纳入了一般社会科学的相关概念。因此，我们模型的分析出发点是，与其他地方一样，非洲的每一所大学为经济发展做出贡献的条件受到以下三个相互关联的因素的影响：

◎大学、政治当局和整个社会之间公约的性质；

◎大学学术核心的属性、优势、规模、质量和可持续性；

◎大学在更宏大政策背景下的协调程度、执行效率和连通性。

反过来，这些也受到当地情况的影响，例如，国家的经济属性、政治和治理的传统和文化，以及院校特征，包括高等教育机构的"松散耦合"特征及大学的对外关系，特别是与国家政府、外国机构和工业界的关系。

---

① 参见 Altbach，Balán（2007）的《世界一流全球化》（World-Class Worldwide）一书。该书专注于亚洲和拉丁美洲研究型大学的转型。他们把非洲研究型大学排除在外，因为他们认为"非洲的学术挑战与书中代表国家的学术挑战有很大的不同，因此将非洲的学术挑战与它们进行比较是不合适的"（Altbach，Balán，2007：vii）。值得注意的是，作者们没有提供任何论据或数据来支持这一观点。

第三节 项目过程和方法

作为出发点，本研究的总体目标是调查高等教育（特别是大学）与选定的非洲国家经济发展之间的复杂关系，重点关注大学运作的政治和社会经济背景，大学本身的内部结构和动态，以及国家和制度背景之间的相互作用。此外，该研究旨在确定提升或降低大学对经济发展做出可持续贡献的能力的因素（实践、战略）和条件（背景），包括国家和院校两个层面的因素和条件。

本项目首先回顾了有关高等教育与经济发展之间关系的国际文献（Pillay，2010a）。接下来是芬兰、韩国和美国（北卡罗来纳州）三个系统的案例研究（Pillay，2010b）。这三个系统成功地将其经济发展与高等教育政策和规划联系了起来。

本项目下一阶段涉及了本研究收集的八个非洲国家的国家层面和八所非洲大学的院校层面的数据。这些国家和大学如下所示：

◎博茨瓦纳和博茨瓦纳大学；

◎加纳和加纳大学；

◎肯尼亚和内罗毕大学；

◎毛里求斯和毛里求斯大学；

◎莫桑比克和爱德华·蒙德拉内大学；

◎南非和纳尔逊·曼德拉城市大学；

◎坦桑尼亚和达累斯萨拉姆大学；

◎乌干达和麦克雷雷大学。

纳入本研究的国家主要是根据之前的合作以及世界经济论坛（World Economic Forum，WEF）对地区的知识经济排名来选择的。世界经济论坛按照"发展阶段"，将八个非洲国家和三个国际案例研究国家划分为要素驱动经济发展国家、效率驱动经济发展国家和创新驱动经济发展国家。

在发展的第一阶段，经济是由"要素驱动"的，各国根据其要素禀赋（主要是非熟练劳动力和自然资源）进行竞争。随着工资的不断提高，各国的经济将进入"效率驱动"的发展阶段，因为它们必须开始开发更有效的生产流程并提高产品质量。在这一点上，竞争力越来越受到高等教育和培训等因素的影响。最后，随着各国进入"创新驱动"阶段，它们通过将复杂的生产流程与高技能劳动力、研究和创新相结合，通过生产新的和不同的产品进行竞争。

三个"成功"系统——芬兰、韩国和美国（北卡罗来纳州）被归类为创新驱动型；南非和毛里求斯被归类为效率驱动型；博茨瓦纳正在从要素驱动转向效率驱动；其余五个国家处于要素驱动阶段。（参见附录A，了解研究包括的国家的高等教育和发展情况）

除南非外，我们选择了每个合作国家的国立旗舰大学作为研究对象。南非纳尔逊·曼德拉城市大学（Nelson Mandela Metropolitan University，NMMU）的规模和专业与其他七所非洲大学比较相似。但是，在对学术核心进行分析时，我们把开普敦大学纳入了研究对象，因为它无论是在《泰晤士高等教育》世界大学排名中，还是在上海交通大学世界大学学术排名中都是非洲排名第一的大学。

本研究小组在2009年2月至6月访问了八个非洲国家和八所样本大学。对每个国家的各类人员进行了半结构式访谈，包括选定的部委、高等教育协会，以及其他国家层面的利益相关者（详见附录B 受访者名单）。我们转录了院校利益相关者的访谈，在案例研究报告中直接引用了访谈转录。但是由于政府政治的"敏感性"，在某些情况下我们没有完全转录国家利益相关者的访谈。

本研究还借鉴了各种国家和院校层面的政策和战略文件，利用了定量数据，包括国家发展指标以及与样本大学和高等教育系统有关的统计数据。

除了文献综述（Pillay，2010a）和成功系统的案例研究（Pillay，2010b）之外，本研究的主要成果还包括样本中八个非洲国家和八所样本大学的详细案例研究报告[①]，以及汇集了关键研究发现的综合报告[②]。

在整个项目过程中，我们通过各种努力与该项目的八个非洲参与国的每个国家和院校利益相关者进行交涉，以便获得对所采集数据的准确性和完整性的反馈和解释。

---

① 可在http：//www.chet.org.za/programmes/herana/上查阅八份非洲案例研究报告。
② 综合报告及其执行摘要见http：//www.chet.org.za/books/universities-and-economic-development-africa。

在2009年至2010年，我们举办了数次研讨会，向六个非洲国家的利益相关者以及该领域的学者汇报了工作进展情况。例如，2009年，我们与曼纽尔·卡斯特尔斯在开普敦西开普大学召开了研讨会；2010年，我们在奥斯陆召开了高等教育研究人员联合会（Consortium of Higher Education Researcher，CHER）会议。

在起草案例研究报告时，我们通过电子邮件从国家和院校利益相关者处获得了更多的信息。我们将收集到的项目发展信息以表格形式汇编，并通过电子邮件发送给相应的项目负责人，要求其检查信息的准确性，并填写缺失信息。

2010年8月，我们通过电子邮件向八位大学的副校长、一两位其他院校领导以及项目负责人发送案例研究报告草案，并请求他们提供反馈。也是在这个月，我们在南非举行了为期两天的研讨会[①]，每个参与国至少有两名代表参加，代表们在会议期间对报告进行了详细的反馈。

最后，核心概念可操作化是本研究的特点，如"公约（pact）""学术核心（academic core）""协调（coordination）"和"联系（connectedness）"等都有相应的具体指标，从而确保收集到的八所旗舰大学实证数据具有可比性。在整个项目过程中，团队成员开会讨论他们对研究发现的评级和解释，以及进一步发展研究的分析框架。

关于数据时间范围的说明

应该指出的是，本研究所依据的数据，其时间范围为2001年至2009年。特别是，学术核心数据涵盖2001年至2007年，而国家和院校政策、计划和项目信息则是基于2009年收集的数据。

第四节　研究的分析起点

在知识经济中，大学被认为是基于大学的传统核心业务——知识的生产、应用和传播，在私营和公共部门创新过程中产生高水平技能和相关知识的关键

---

① 想了解关于本次研讨会的更多信息，请访问CHET网站：http://www.chet.org.za/higher-education-and-economic-development-africa-report-back-herana。

机构。

在许多国家，高等教育已成为政府知识政策的核心领域之一。这意味着，除教育部以外，更多的政策、政治参与者和社会经济利益相关者（雇主组织、资助者和研究协会）开始对高等教育感兴趣，且参与到高等教育政策的制订中来。因此，在国家的宏观政治系统内，知识政策的结构和实施程序在高等教育体系层面和院校层面的协调已成为主要问题，最显著的是协调、管理知识生产、再生产和协调不同政治活动的能力。

如前所述，为了更好地了解高等教育与发展之间的关系，研究小组对高等教育与国家发展战略整合完善的系统进行了案例研究。三个案例研究国家分别是芬兰、韩国和美国（北卡罗来纳州）。这三个案例国家都是位于不同大陆的经合组织成员国。选择这三个国家的主要原因之一是，有证据显示这三个国家的教育与发展均有强烈而密切的关系，特别是高等教育和经济发展之间有密切的关系。此外，在选取的三个案例中，他们在反思重大经济政策的同时，都有意地将高等教育与经济发展联系起来。

在本研究中，我们特别感兴趣的是这个问题：这三个系统是如何成功地将高等教育与经济发展联系起来的？换句话说，三个系统中的每一个系统都存在哪些核心条件，使它们的高等教育部门能够成功且可持续地发展？

这三个系统的共同之处是存在商定但强有力的发展框架，它旨在实现有竞争力的先进知识经济，且发挥高等教育在知识经济中的重要作用。尽管存在重大的背景差异，但这三个系统在利用高等教育促进经济发展方面表现出以下共同点：

◎它们的高等教育体系建立在公平和优质的中学教育基础之上，还强调要实现高质量的高等教育；

◎它们的高等教育入学率很高（见附录A）；

◎它们的高等教育系统是差异化的（公／私立院校），实现人力资本，研究和创新经济是发展目标的一部分，它们的政府确保了经济和（更高）教育规划之间的密切联系；

◎国家、高等教育机构和私营部门之间建立了有效的伙伴关系和合作网络，以确保有效的教育和培训，并促进适当的研究和创新；

◎在很多其他方面，也有国家强有力的参与。例如，国家为高等教育提供了足够的资金和利用资金引导高等教育部门应对劳动力市场的需求，以及激励高等教育部门的研究和创新。

基于文献综述（Pillay，2010a）、三个成功系统案例研究的影响（Pillay，2010b），以及八个非洲案例研究的初步观察，我们形成了以下分析前提：

◎大学对发展做出积极贡献的条件之一是，政府、大学和核心的社会经济行动者之间就大学在发展中的作用和性质达成了广泛的公约；

◎作为核心知识机构，大学只有在其学术核心的数量和质量上都强大起来，才能参与全球知识经济，为发展做出可持续的贡献；

◎为了使大学有效地与发展联系起来，国家需要用各种形式和方法协调知识政策。此外，宏大的政策背景、大学与发展之间的联系至关重要。

这些分析前提为本研究的数据分析提供了三大关注重点：其一，关于大学在经济发展中的作用的公约；其二，大学学术核心的性质和实力；其三，主要利益相关者之间对知识政策的协调程度和联系。

本研究没有关注的内容

从上面的概述可以看出，本书的研究范围相当广泛。尽管如此，但本研究没有尝试研究以下几点内容：

◎测量或评估大学对发展的贡献程度或其活动对各自国家发展的影响；

◎评估特定院校政策、单位或发展项目的影响或有效性；

◎审查捐助项目的数量或性质，或检查特定外部捐助者对大学发展的总体贡献；

◎假设或断言高等教育的主要作用是发展，而不是试图调查促进或抑制大学可能对发展做出贡献的因素。

第五节　本书的结构

第二章综合了八个非洲案例研究的主要结论。主要结论围绕概念框架的三个组成部分，即关于高等教育在发展中的作用的公约的性质和其所达成的程度；样本中八所大学学术核心的性质和优势；大学与发展之间的协调度和关联性。

第三章提供了八个案例研究中每个案例的主要结论，其中包括每个国家高等教育和经济发展背景的简要概述；大学在发展中的作用的证明程度；每个国家协调知识政策和活动的程度；八所样本大学的学术核心实力的评级；每所大学与其外部利益相关者及其学术核心的关联性的评估。

第四章从三个概念出发概述了该研究的主要结论，以及对进一步研究和行动的影响。其中包括需要就大学作为"发展引擎"的角色达成协议；需要通过改善激励结构等方式加强非洲大学的学术核心；在国家和机构层面改善政策和实施协调的必要性，以便更有效地将大学与发展联系起来。

第二章

关键研究发现概述

　　本研究的分析出发点是，非洲大学与其他地方的大学一样，促进经济发展的条件受到以下三个相互关联的因素的影响：

◎大学、政治当局和整个社会之间的公约的特性；

◎大学学术核心的特性、优势、规模、质量和可持续性；

◎大学在更大的政策背景下的协调水平、执行效率和连通性。

　　在本章中，我们综合概述了八个非洲案例研究的关键研究发现。首先，我们探讨了国家和大学利益相关者之间就高等教育在发展中的作用达成公约的程度。然后，我们考察了八所样本非洲大学的学术核心的性质和实力。最后，我们讨论了国家对大学在发展中的作用进行协调的程度，以及大学的发展活动是否有助于加强其学术核心。

第一节　主要行为者对大学和经济发展的关系达成了公约吗

　　为了达到本研究的目的，我们使用了Gornitzka等（2007：184）关于"公约"的定义：

　　　　公约是对大学持久的文化承诺。大学作为一种机构，它自己有一套关于正确行事和规范信念的根本原则，这套根本原则也得到了其所嵌入的政治和社会制度的验证。因此，公约不同于基于公共当局、有组织的外部团体、大学雇员和学生对期望值的战略般地持续计算的合同——此类合同基于自身利益的有用性定期监测和评估大学，并据此采取行动。

　　"公约"的主要行为者是国家、院校和外部利益相关者。我们假定大学、大学领导、政治当局和整个社会之间的公约越强，大学就越能够对发展做出重大的、可持续的贡献。

　　我们的兴趣在于探讨围绕高等教育在整个社会，特别是在八个非洲国家中的每一个国家的经济发展中的作用所达成公约的程度。制定公约的关键是达成协议或共识，即高等教育应该发挥作用，然后再讨论该作用包含哪些内容。为了调查公约的达成程度，我们试图解决以下问题：

　　1. 知识生产和大学在国家发展中是否起到作用？

　　2. 相关国家主管部门和利益相关者如何谈论和概念化大学的作用，他们是否存在分歧？

　　为了调查与公约相关的不同人员，我们收集并分析了系列文件和访谈数据。在国家层面，我们参考了国家愿景文件以及高等教育和科技发展的规划、战略和政策文件，访谈了一系列国家利益相关者，如负责高等教育、财务或经济事务的部委代表，以及科学和技术部门的代表。在大学层面，我们审查了关键的院校文件，如战略计划和研究政策。我们采访了大学领导，包括副校长和／或荣誉副校长、研究和机构规划负责人、院系院长和中心主任，以及其他高级学者。

知识和大学在发展中的作用

知识和大学在国家、院校政策和计划中的作用

　　从访谈和政策文件中明显可以看出，纳入研究的八个非洲国家中没有一个国家有明确的发展模式或战略。有些国家制订了国家发展计划（例如乌干达、博茨瓦纳和莫桑比克），有些国家制定了减贫战略（例如加纳和莫桑比克），许多国家的愿景规划通常着眼于远期发展，例如《坦桑尼亚 2025 年发展愿景》《博茨瓦纳 2016 年愿景》《加纳 2020 年愿景》《莫桑比克 2025 年议程》和《肯尼亚 2030 年愿景》。然而，这些并不能构成发展模式，而且往往以第一世界国家的“最佳做法”政策借用为基础。毛里求斯是最接近全面发展模式的国家，它有获得普遍认同的国家愿景和系列相关的政策，但它没有必要的协调、执行和监测权力。其他国家的特点是经常改变已经宣布的国家优先事项，表现为经常以预算和不同权力中心的大量非互补性政策来说事。

　　在没有明确的发展模式或战略的情况下，我们不得不查阅不同部门的系列政策以及中长期规划，以调查知识经济和高等教育在发展中的作用是否突出。

在国家层面，我们不仅查阅了负责高等教育的部委的政策，而且还查阅了经济发展规划和科学技术等其他部门的政策。

知识和大学在国家和院校计划中的作用被运用到系列指标中，这些指标详见附录C的表C1。随后由三个研究人员根据这些指标对每个国家和每所大学进行评估。我们将在下文的讨论中给出评估的结果。

从表1可以看出，在国家层面，肯尼亚和毛里求斯对知识经济的概念和高等教育在发展中的作用有了最强烈的认识，其次是莫桑比克和坦桑尼亚。然而，除毛里求斯外，这种认识并没有在各项政策中得到反映，而是主要体现在科学和技术政策或国家长期愿景中。除毛里求斯外，最成问题的还是在负责高等教育的部委的政策中几乎没有体现知识经济的概念和高等教育在发展中的作用。（肯尼亚和毛里求斯政策的详述见文本框1）

在院校层面，我们查阅了大学的战略规划和研究政策，调查其规划和政策是否阐明了知识经济的概念以及大学在发展中的作用。博茨瓦纳大学、毛里求斯大学和麦克雷雷大学的政策或计划明确阐述了知识经济（详见文本框1），而加纳大学没有阐述。没有一所大学对其在经济发展中的作用有具体的政策。然而，博茨瓦纳大学、内罗毕大学、毛里求斯大学和麦克雷雷大学将这一作用分别纳入了各自的战略计划和研究政策。我们查阅的爱德华·蒙德拉内大学、达累斯萨拉姆大学和纳尔逊·曼德拉城市大学的任何院校文件中都没有阐明这一作用。

表1 知识和大学在发展中的作用

指标	最高得分	博茨瓦纳	加纳	肯尼亚	毛里求斯	莫桑比克	南非	坦桑尼亚	乌干达
国家层面	6	4	3	6	6	5	4	5	4
知识经济概念在国家发展规划中的应用	3	2	1	3	3	2	2	2	2
高等教育在国家政策和发展规划中的作用	3	2	2	3	3	3	2	3	2
院校层面	6	5	2	4	5	3	3	3	5
院校政策与规划中的知识经济概念	3	3	1	2	3	2	2	2	3

续　表

指标	最高得分	博茨瓦纳	加纳	肯尼亚	毛里求斯	莫桑比克	南非	坦桑尼亚	乌干达
关于大学在经济发展中的作用的院校政策	3	2	1	2	2	1	1	1	2
小计	12	9	5	10	11	8	7	8	9

文本框1

知识经济与高等教育在国家和院校政策和规划中的作用

国家政策和规划

在毛里求斯，高等教育在发展方面发挥了非常明确的作用，正如《教育和人力资源战略草案》（*Draft Education and Human Resources Strategy*）等国家政策文件所阐明的那样，《将毛里求斯发展为知识中心和学习中心》（*Developing Mauritius into Knowledge Hub and Centre of Learning*）的文件中制定的政策是非常重要的。由于教育、文化和人力资源部（Ministry of Education, Culture and Human Resources）以及财政和经济赋权部（Ministry of Finance and Economic Empowerment, MFEE）的协调努力，毛里求斯在政策文件转化为实施的第一步上取得了重大进展，驱使毛里求斯走向全面发展的知识经济。此外，MFEE在为毛里求斯的重要的科学、技术和创新项目提供资金方面发挥了重要作用。

在肯尼亚，主要教育政策文件——《肯尼亚教育部门支持计划》以及高等教育、科学和技术部的《2008—2012年规划》，是政府关于高等教育作用和知识经济的关键政策文件。发展规划文件——《肯尼亚2030年愿景》正在助力愿景转化为政策实施，尽管速度有些缓慢。

大学战略规划和研究政策

《毛里求斯大学战略规划（2006年至2015年）》和《战略研究与创新框架（2009年至2015年）》使毛里求斯大学在促进国家经济发展中发挥着

核心作用，并始终体现知识经济的概念。它们强调研究和创新，在员工和学生中灌输企业家才能，并将科学和技术与行业联系起来。它们还赞同这方面的国家政策，例如将毛里求斯发展成为"知识中心"。

知识经济的概念和高等教育，特别是大学对国家发展框架的贡献，在博茨瓦纳大学的战略规划中得到了强有力的预见和实施。博茨瓦纳大学的战略规划也提到了高水平技能的产生、研究和创新。此外，该战略规划还考虑了政府《宏观经济纲要和政策框架草案》中阐述的经济变化。该草案强调必须摆脱对公共部门刺激的依赖，转向经济增长；从对钻石采矿业的强烈依赖，转向由私营部门日益刺激的、更强有力的服务业经济。

《麦克雷雷大学的战略规划（2008 / 2009—2018 / 2019）》与麦克雷雷大学在发展中的作用密切相关。该规划的问题意识是：麦克雷雷大学如何重新定位以应对乌干达新出现的发展挑战。该规划的制定考虑到了系列社会经济、政治和环境问题，其中包括对乌干达经济变化的概述，具体提到了知识经济的发展以及麦克雷雷大学在这方面可以发挥的作用。该计划与系列国家政策保持一致，包括《国家高等教育战略规划》和《乌干达消除贫困行动计划》。

研究发现

◎最引人注目的发现是八个国家对发展模式（毛里求斯除外）和高等教育在国家和院校层面的发展中的作用缺乏明确性和一致性。

◎八个国家本身都没有发展模式，尽管毛里求斯正朝着这个方向发展。

◎毛里求斯也是唯一提前知道知识推动经济增长的国家。对于其他国家而言，知识尚未被视为经济发展的关键。

◎人们逐渐意识到知识经济手段在所有国家和院校中的重要性。除博茨瓦纳和乌干达外，一般看来，这种表述在国家层面比在院校层面更常见。此外，除毛里求斯外，知识经济手段很少反映在部委政策或国家愿景声明中。

关于知识和大学作用的概念

国家和大学利益相关者如何概念化高等教育和大学在发展中的作用？国家层面和大学层面之间在多大程度上达成了共识或产生了怎么样的分歧？我们解决这些问题的分析框架包括高等教育（特别是大学）与国家发展之间关系的四种概念。下面详细阐述这四种概念①出现在以下两种情景中的相互作用：

◎国家发展战略中的新知识能否发挥作用；

◎作为知识机构的大学是否在国家发展战略中发挥作用。

图1描述了这两种情景，以及随之而来的大学作用的四种概念。

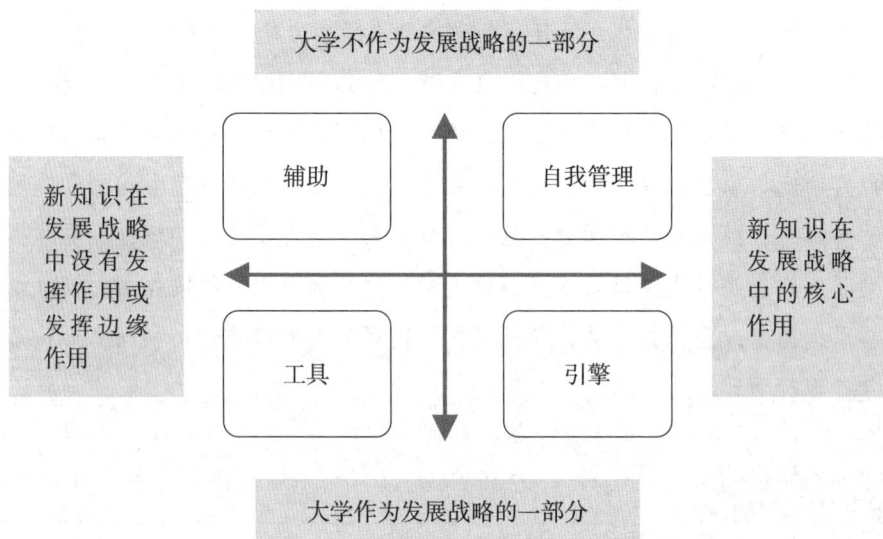

图1　关于知识和大学在发展中的作用的四种概念

这四种概念阐述如下。

1. 大学作为辅助机构：在这个概念中，重点是政治的、意识形态的发展起点。因此，假定发展战略和政策不需要强有力的（科学）知识基础。由于重点是对基本保健、农业生产和初级教育的投资，因此大学也没有必要在发展中发挥直接作用。大学的作用是培养受过教育的公务员和专业人员（教学基于传播既定知识，而不是研究），以及不同形式的社区服务。

---

① 这四个概念是基于Maassen，Cloete（2006）以及Maassen，Olsen（2007）提出的观点界定而成的。

2. 大学作为自治机构：大学生产的知识被认为对国家发展至关重要，尤其是对于改善医疗保健和加强农业生产。然而，该概念假定，当来自天南地北的学者在外部资助的项目中合作，而不是由国家指导时，就产生了最相关的知识。这一概念表明，大学在发展民族认同、培养高级官员和科学知识方面发挥着重要作用，但与国家发展没有直接关系；大学致力为整个社会服务，而不是为特定的利益相关者服务。这个概念认为，大学只有在不受特定地理、国家、文化或宗教环境的特殊性影响的情况下，才能发挥最大的效力，并能够根据普遍标准确定其优先事项。它还假设没有必要投入额外的公共资金来提高大学与国家发展的相关性。

3. 大学作为发展规划的工具：在这一概念中，大学在国家发展中发挥着重要作用，但它不是通过产生新的科学知识，而是通过专门的知识交流和能力建设发挥重要作用的。大学发展工作的重点应当是减少贫穷和疾病，改善农业生产，主要通过咨询活动（特别是为政府机构和发展援助）和直接参与地方社区来支持小企业发展。

4. 大学是发展的引擎：这一概念假定知识在国家发展中发挥着核心作用，不仅在改善保健和农业生产上，而且在私营部门的创新上也发挥着作用，特别是在信息和通信技术、生物技术和工程等领域发挥作用。在这一概念中大学被视为国家发展模式的核心机构之一。潜在的假设是，大学是社会中唯一能够为新兴知识经济的复杂性提供充分基础的机构，而这种经济涉及所有主要部门的雇员的相关技能和能力以及生产以使用为导向的知识。

利用上述信息以及通过采访国家和大学利益相关人收集而得的数据，我们现在着手分析知识和大学在八个非洲国家中发挥的作用。

表2列出了政府和大学利益相关者对于知识和大学在发展中所发挥的作用的认知，该表指明了非洲八国对大学作用的四种概念认知的有无和强弱。该表还使我们能够比较政府和院校对大学在发展中发挥作用的认知差异，以评估公约中两类行动者的共识或分歧程度（反映高等教育和大学作用的不同概念的引文参见文本框2）。

在国家层面，主要有三种认知。首先，工具性观念是最强的，然后是发展引擎和自治机构。其次，发展的动力主要存在于科学和技术政策以及国家愿景说明中，但除了博茨瓦纳和毛里求斯以外，其他国家的教育部很少这样做。知识经济的提法及其在愿景说明中的重要性，似乎在很大程度上来自"政策借贷"，特别是来自世界银行和经济合作与发展组织的资料和网站。第三，在工具性概念的情况下，大多数国家政府官员认为大学做得不够，但没有制定或鼓励这种工具性作用的政策。

表2　国家和院校对于大学在发展中的作用的认知

认知	辅助		自我管理		工具		引擎	
机构	政府	院校	政府	院校	政府	院校	政府	院校
博茨瓦纳	○	○	◎	◎	☆	◎	◎	◎
加纳	☆	◎	◎	☆	○	○	◎	○
肯尼亚	○	○	◎	☆	◎	☆	☆	◎
毛里求斯	○	○	◎	◎	☆	◎	☆	☆
莫桑比克	○	○	◎	☆	☆	◎	◎	○
南非	○	◎	☆	☆	☆	◎	◎	◎
坦桑尼亚	☆	◎	○	○	☆	☆	☆	☆
乌干达	○	○	◎	☆	☆	☆	○	◎

注：☆代表强认知；◎代表认知存在；○代表认知缺失。

院校对大学在发展中发挥作用的认知状况如下：第一，各院校对自我管理和工具性作用的认知最强烈，它们分别反映了关于自治和社区参与的传统争议。对自治概念的强调可能是因为大学领导层更关心传统的大学问题，而政府则往往更注重全球趋势。第二，只有加纳大学和达累斯萨拉姆大学仍然存在着相当传统的观念，即大学为国家创造人才，大学最清楚需要什么。有趣的是，这两所院校的领导都没有表达出知识经济的观点。第三，毛里求斯大学是唯一以发展引擎为主导观点的院校，它符合政府的观点。在麦克雷雷大学，政府和大学之间达成的认知基本一致，只是院校对知识经济和发展引擎概念的认识越来越深。最后，在由传统大学与技术学院合并而成的纳尔逊·曼德拉城市大学，四种认知概念均存在且处于竞争状态。

文本框2

关于大学在发展中的作用的若干叙述

我真的从一开始便认为这种认知就是正确的，这是第一所国立大学，它的重点是发挥主导作用，提供必要的人力资本，以推动这个国家的发展。从20世纪60年代起，政府就赋予这所大学这样的使命，即培养关键的人才，不仅要接管外国人即将离开的岗位，还要推动发展。（大学校长）

关于大学身份和教育哲学的讨论揭示了紧张的关系：一种观点认为，大学应该注重更实际的职业培训，希望能够培养出能够更快找到工作并有所作为的学生。另一种观点来自大学的传统观念，我们应该把注意力集中在更多的中长期发展目标上……那些争论现在仍然存在于大学里。（大学校长）

我认为，新政府将高等教育与科学分开的做法是新政府没有真正了解高等教育的第一个信号。新政府不了解这个系统。新政府知道它是强大的，知道它的重要性，知道它们必须投资，但老实说，我认为新政府不知道什么是高等教育。（资深学者）

我们坚信，在毛里求斯，知识推动经济增长和发展。高等教育是这种知识和人力资本的主要来源，它是任何国家社会和经济发展所需的知识推动者。（国家利益相关者）

调查发现

◎就大学在发展中的作用的认知而言，无论在国家层面，还是在院校层面，最明显的悬而未决的紧张关系是在自我管理和工具性作用之间。这反映了院校自主权和参与性或响应性之间的众所周知的紧张关系。

◎大多数国家的国家层面对高等教育的主要期望是发挥工具性作用，不断强调大学在促进发展方面做得不够，但经常涉及的是社会问题，而不是经济增长。

◎政府利益相关者对大学是发展引擎的认知比在大学自身内部的认知更为强烈，但政府可能将知识视为狭隘的工具，而不是发展引擎。然而，令人惊讶的是，大学领导对知识经济的支持是如此的薄弱。

第二节　八所非洲大学的学术核心

大学对发展的独特贡献是，通过将知识传授给个人，这些个人进入劳动力市场并以各种方式为社会做出贡献（教学），并产生和传播能够带来创新或应用于社会和经济问题的知识（研究、参与）。鉴于我们的分析框架之一是了解什么影响了大学为发展做出可持续贡献的能力，因此，我们侧重于分析大学知识活动的特性和优势。

根据伯顿·克拉克（Burton Clark，1998）的观点，当有进取心的大学进化出更强的导向核心（steering core）并发展出外延结构时，它的中心仍然是在传统的学术部门，它是围绕学科和跨学科领域形成的。中心地带是下一代学术教学、研究和培训等传统学术价值和活动的发生地。我们使用的不是中心地带，而是学术核心的概念。根据我们的分析假设，如果旗舰大学（本研究所包含的八所非洲大学）要为发展做出贡献，其学术核心需要十分强大且与发展相关。

虽然大多数大学也从事社区服务或外联领域的知识活动，但我们的论点是，大学业务的支柱或基础是其学术核心，即通过学术学位课程教学、研究产出、博士（将来负责开展核心知识活动的人）培养对知识进行基本处理。

本研究中，我们对八所大学学术核心的研究内容围绕以下两个维度：

1. 这些大学学术核心的优势是什么？

2. 近年来这些学术核心是否有强化或弱化的趋势？

如上所述，参与研究的八所非洲大学是博茨瓦纳大学、达累斯萨拉姆大学、爱德华·蒙德拉内大学、加纳大学、麦克雷雷大学、毛里求斯大学、内罗毕大学和纳尔逊·曼德拉城市大学。除了纳尔逊·曼德拉城市大学，其他院校都被认为是旗舰大学，在它们各自的国家中被评为第一名。这些院校是将为研究和发展做出贡献的主要知识生产机构。这在博茨瓦纳大学的研究战略（University of Botswana，2008：3）中得到了很好的体现：

> 该大学集中了该国最具研究资格的工作人员和研究设施，有义务开发这些资源的全部潜力。通过这样做，它可以在目前列入国家议程的促进研究、发展和创新的多重战略中发挥核心作用。

回顾这八所大学的抱负和使命，我们发现它们有一些共同的目标，涉及它们的学术核心的性质和实力，以及它们对发展的贡献。这些共同目标可总结如下：

◎获得很高的学术评价，使它们不仅在各自国家而且在非洲成为一流大学；

◎成为从事高质量研究和学识的卓越学术中心；

◎为所在国家和区域的社会和经济的可持续发展做出贡献。

问题是，是否有证据支持这些雄心勃勃的卓越学术目标呢？换句话说，是否有证据表明这些大学有强大的学术核心，或者至少是朝着这个方向发展的呢？

在本节中，我们将介绍并讨论与八所大学学术核心相关的数据分析结果。纳尔逊·曼德拉城市大学被选为南非案例研究的依据是其在规模和范围上与其他七所院校具有可比性。鉴于纳尔逊·曼德拉城市大学没有旗舰大学这样的地位，为了提供非洲的基准，我们将开普敦大学作为第九所院校包括在下面的分析中。开普敦大学在研究时是南非及非洲排名第一的大学。我们首先简要概述收集和分析数据所采用的方法。

一、方法

CHET于2007年开始汇编一组非洲大学的数据，作为"跨国高等教育绩效指标"〔Cross-National Higher Education Performance（Efficiency）Indicators〕

项目的组成部分。①我们随后在2009年3月的讲习班上对收集的数据进行了讨论。在会上我们发现，虽然从院校代表和规划者那里汇编了一套基本数据，但大多数院校在完成2007年数据模板方面遇到了困难。关于各院校数据问题的更详细讨论参见附录D。有必要指出我们对学术核心的第一个认识是，有必要改进和强化关键绩效指标的定义，以及对关键绩效指标的系统、范围的获取和处理（制度化）。

为了对研究中各大学学术核心的实力进行评级，我们确定了以下八项指标，这八项指标反映了高质量学术成果的特点或活动，而这些特点或活动又奠定了各大学对发展的潜在贡献的基础。下文概述了八项指标（五项投入指标和三项产出指标）及其被列入的理由。其中一些指标是以传统概念为基础的，即旗舰大学的作用（例如生产新知识和培养下一代学术人才），而另一些指标（例如科学、工程和技术类专业的入学率以及生师比）则与非洲的背景有关。

投入指标

1. 科学、工程和技术类专业的招生人数较多：非洲各国政府和外国发展机构都大力强调科学、工程和技术是发展的重要推动力（Juma，Yee-Cheong，2005）。科学、工程和技术类专业包括农业科学、建筑和城市规划和区域规划、计算机和信息科学、健康科学和兽医科学、生命科学和物理科学。

2. 研究生招生人数较多：知识经济和大学要求越来越多的人获得研究生学位资格。

3. 教职员工与学生比例有利：学术工作量应考虑到科研和博士生指导的可能性。

4. 拥有博士学位的学术人员比例较高：有研究（CHET，2010）表明，拥有博士学位的工作人员与研究产出和博士生培养之间存在高度相关性。

5. 每个学者拥有的科研经费充足：科研需要政府和院校资助，以及来自行业和外国捐助者等外部来源的"第三方"资助。

产出指标

6. SET类专业的毕业率较高：不仅提高SET类专业的入学率很重要，而且

---

① 网址：http://www.chet.org.za/programmes/indicators/。

至关重要的是，大学必须实现高毕业率，以应对非洲劳动力市场中这些领域的技能短缺问题。

7. 以博士毕业生的形式增加知识生产：增加博士毕业生数量的原因有两个。首先，博士毕业生构成了学术界的骨干，因此对于未来学术核心的再生产至关重要；其次，学术界以外的机构（例如，研究组织和金融机构等其他组织）对拥有博士学位的人的需求日益增加。

8. 以科研论文的形式在公认的ISI期刊上进行知识生产：学术界需要编写同行评议的科研论文，以便使大学参与全球知识社区，并为新知识和创新做出贡献。

我们现在展示样本院校的汇总数据和评级，以及对评级结果的讨论。（参见附录E中的表E1，附录E表明了每个指标的计算方法和评级构建方法）

二、学术核心数据

表3列出了各样本大学的基本学术核心数据在2001年至2007年的变化。表4概述了每所大学的每个学术核心指标的评级（或分数）。表4中的投入指标和产出指标值分为"强""中""弱"。前三个投入指标数据和后三个产出指标数据是2001年至2007年的平均数，其余两项投入指标是根据2007年的数据得出的。表5列出了2001年至2007年的学术核心指标的年均增长率。

该数据集（见表3、表4和表5）为我们提供了各样本大学的比较数据。此外，这八个国家的院校可将其作为衡量其自身业绩的基准。

数据显示，除了纳尔逊·曼德拉城市大学和加纳大学之外，每所大学至少有一项"强"的评级。开普敦大学的八项指标均被评为"强"，毛里求斯大学的八项指标中有四项被评为"强"，达累斯萨拉姆大学和内罗毕大学的八项指标中有三项被评为"强"，博茨瓦纳大学和爱德华·蒙德拉内大学的八项指标中有两项被评为"强"。

不同大学的分数中出现了大量的"弱"评级。爱德华·蒙德拉内大学在八项指标中有六项指标被评为"弱"；加纳大学在八项指标中的五项被评为"弱"。麦克雷雷大学、内罗毕大学和博茨瓦纳大学在八项指标中有四项指标被

表3 学术核心指标得分和变化（2001—2007年）

大学	SET类专业入学率		硕士招生人数（个）		博士招生人数（个）		生师比		2007年生师比		博士毕业生人数（个）		科研论文（篇）		师均科研论文（篇）	
	2001	2007	2001	2007	2001	2007	2001	2007	SET类专业	商务专业	2001	2007	2001	2007	2001	2007
开普敦大学	40%	42%	2788	2906	706	1002	12：1	15：1	22：1	42：1	86	102	700	1017	0.92	1.14
博茨瓦纳大学	22%	22%	493	951	8	41	14：1	27：1	10：1	59：1	3	4	69	106	0.10	0.14
达累斯萨拉姆大学	52%	36%	609	2165	54	190	11：1	14：1	14：1	22：1	10	20	49	70	0.12	0.07
爱德华·蒙德拉内大学	61%	48%	0	420	0	3	10：1	13：1	12：1	51：1	0	0	0	11	0.03	0.03
加纳大学	22%	18%	1344	1580	69	102	12：1	31：1	9：1	68：1	2	20	77	61	0.12	0.08
麦克雷雷大学	16%	32%	1167	2767	28	32	15：1	18：1	11：1	96：1	11	23	72	139	0.07	0.20
毛里求斯大学	51%	43%	350	859	114	193	24：1	16：1	12：1	34：1	7	10	23	36	0.12	0.13
内罗毕大学	33%	31%	3937	6145	190	62	12：1	18：1	8：1	42：1	26	32	143	136	0.12	0.11
纳尔逊·曼德拉城市大学	18%	31%	1100	1332	175	327	31：1	28：1	26：1	54：1	27	35	154	180	0.30	0.34

注：爱德华·蒙德拉内大学没有提供其2001年的硕士招生人数、博士招生人数、博士毕业生人数和科研论文数量，以及2007年的博士毕业生人数。

表 4 每所大学的学术核心指标评级

时间段	投入指标					产出指标		
	2001—2007年均值		仅2007年			2001—2007年均值		
指标	SET类专业入学率	硕士生和博士生入学率	生师比	博士学位学术人员占比	研究经费/终身学术人员（PPP$）*	SET类专业毕业率	博士毕业生占终身学术人员的比例	终身学术人员的人均科研论文（篇）
等级	强：>39% 中：30%—39% 弱：<30%	强：>9% 中：5%—9% 弱：<5%	强：<20 中：20—30 弱：>30	强：>49% 中：30%—49% 弱：<30%	强：>20000 中：10000—20000 弱：<10000	强：>20% 中：17%—20% 弱：<17%	强：>10% 中：5%—10% 弱：<5%	强：>0.5 中：0.25—0.5 弱：<0.25
开普敦大学	41%	19%	13：1	58%	47700	21%	15.00%	0.95
博茨瓦纳大学	22%	5%	15：1	31%	2000	20%	0.66%	0.11
达累斯萨拉姆大学	43%	9%	14：1	50%	6400	19%	2.18%	0.08
爱德华·蒙德拉内大学	54%	2%	12：1	24%	0	6%	0	0.03
加纳大学	19%	7%	22：1	47%	3400	18%	0.17%	0.09
麦克雷雷大学	24%	5%	16：1	31%	4900	22%	1.63%	0.09
毛里求斯大学	48%	13%	17：1	45%	3000	26%	2.80%	0.13

续 表

时间段	投入指标					产出指标		
	2001—2007年均值			仅2007年		2001—2007年均值		
指标	SET类专业入学率	硕士生和博士生入学率	生师比	博士学位学术人员占比	研究经费/终身学术人员(PPP$)*	SET类专业毕业率	博士毕业生占终身学术人员的比例	终身学术人员的人均科研论文(篇)
等级	强:>39% 中:30%—39% 弱:<30%	强:>9% 中:5%—9% 弱:<5%	强:<20 中:20—30 弱:>30	强:>49% 中:30%—49% 弱:<30%	强:>20000 中:10000—20000 弱:<10000	强:>20% 中:17%—20% 弱:<17%	强:>10% 中:5%—10% 弱:<5%	强:>0.5 中:0.25—0.5 弱:<0.25
内罗毕大学	31%	16%	14:1	71%	5300	17%	1.87%	0.09
纳尔逊·曼德拉城市大学	25%	6%	30:1	34%	12300	18%	5.50%	0.31

注: ■ 强; ▨ 中; □ 弱。

*研究经费/终身学术人员数据以购买力平价美元(purchasing power parity dollar, PPP$)数值计算。这项指标的某些数据是估算的,因为并不是所有大学都能提供可信的研究经费数据。在第三章,每所大学的学术核心等级表下列出了每个数字所依据的信息来源。

表5　学术核心指标年平均增长率（2001—2007年）

大学	SET类专业招生人数年平均增长率	硕士招生人数年平均增长率	博士招生人数年平均增长率	博士毕业生人数年平均增长率	科研论文年平均增长率
开普敦大学	3.1%	0.7%	6.0%	2.9%	6.4%
博茨瓦纳大学	5.3%	11.6%	31.3%	4.9%	7.4%
达累斯萨拉姆大学	8.3%	23.5%	23.3%	12.2%	6.1%
爱德华·蒙德拉内大学	6.6%	n/a	n/a	n/a	n/a
加纳大学	12.9%	2.7%	6.7%	46.8%	−3.8%
麦克雷雷大学	16.3%	15.5%	2.3%	13.1%	11.6%
毛里求斯大学	2.2%	16.1%	9.2%	6.1%	7.8%
内罗毕大学	7.6%	7.7%	−17.0%	3.5%	−0.8%
纳尔逊·曼德拉城市大学	3.7%	3.2%	11.0%	4.4%	2.6%

注：爱德华·蒙德拉内大学的硕士招生人数、博士招生人数、博士毕业生人数以及科研论文的年增长率缺失，因为这所大学没有给我们提供2001年的数据。

评为"弱"，毛里求斯大学在八项指标中有三项指标被评为"弱"。纳尔逊·曼德拉城市大学有两项"弱"评级，开普敦大学没有"弱"评级。

在投入指标方面，开普敦大学的整体评级较高，而达累斯萨拉姆大学、毛里求斯大学和内罗毕大学的评级则介于"强"和"中"之间。两所大学（麦克雷雷大学和纳尔逊·曼德拉城市大学）的总体投入指标评级接近"中"。博茨瓦纳大学、爱德华·蒙德拉内大学和加纳大学三所大学的整体投入指标评级介于"中"和"弱"之间。在产出指标方面，开普敦大学的平均评级较强，除纳尔逊·曼德拉城市大学评级为"中"外，其他大学的产出评级均未超过"中"。其余七所大学的整体产出评级低于"中"。

根据这些评分，本研究中的这几所样本大学可大致分为以下几组：

◎第1组，开普敦大学，唯一所有的投入和产出指标评级均为"强"的大学。

◎第2组，毛里求斯大学、麦克雷雷大学和纳尔逊·曼德拉城市大学，在投入指标和产出指标上都有"中"或"强"的评级。

◎第3组，达累斯萨拉姆大学、内罗毕大学和博茨瓦纳大学，它们的投入指标总体评级为"中"，但产出指标评级"弱"。

◎第4组，加纳大学和爱德华·蒙德拉内大学，它们的投入和产出指标评级都很弱。

三、学术核心的优势和变化

数据表明，除开普敦大学外，其他大学的学术核心都没有达到其任务说明中所述的高期望。然而，数据显示，除了开普敦大学外，各院校在投入指标上存在着相当大的差异，但在产出指标上表现趋同。

两个有相当大差异的投入指标是生师比和拥有博士学位的终身学术人员。关于生师比，两所院校设法减轻了教员的教学负担（毛里求斯大学在2001年的生师比为24∶1，2007年为16∶1；纳尔逊·曼德拉城市大学在2001年的生师比为31∶1，在2007年为28∶1）（详见表3）。加纳大学的生师比从2001年的12∶1大幅度增加到2007年的31∶1，博茨瓦纳大学的比例从2001年的14∶1增加到2007年的27∶1（详见表3）。其他院校的生师比也有所增加，但增幅不大：内罗毕大学从12∶1增长到18∶1，麦克雷雷大学从15∶1增长到18∶1，爱德华·蒙德拉内大学从10∶1增长到13∶1，达累斯萨拉姆大学从11∶1增长到14∶1，开普敦大学从12∶1增长到15∶1（详见表3）。

这些生师比数据并不支撑非洲高等教育中人满为患的陈词滥调，至少在非洲的旗舰大学里不存在人满为患的状况。在本研究中有1所大学（加纳大学）的生师比超过30∶1，6所大学的比例低于20∶1（详见表3）。但是，这些院校提供的生师比数据在不同的学科间也存在着巨大的差异（详见表3）。例如，在内罗毕大学，2007年SET类专业的生师比为8∶1，而商务类专业的生师比高达42∶1。差异更大的是加纳大学和麦克雷雷大学，2007年加纳大学的SET类专业的生师比为9∶1，商务类专业的比率为68∶1；同年，麦克雷雷大学SET类专业的生师比为11∶1，商务类专业的生师比为96∶1。学科间存在比较正常的生师比差异的是开普敦大学和达累斯萨拉姆大学。2007年开普敦大学的SET类专业生师比为22∶1，商务类生师比为42∶1；同年，达累斯萨拉姆大学SET类专业的生师比为14∶1，商务类专业生师比为22∶1。

CHET（2010）关于高等教育分化的研究表明，在南非拥有博士学位的大学学术人员比例与该大学的科研论文之间存在0.82的高度显著相关性。这意味着，只有在特殊情况下，没有博士学位的学者才会在国际公认的同行评议期刊或书籍上发表文章。

表4的数据显示，在2007年有3所大学拥有博士学位的终身学术人员的占比大于等于50%，它们是内罗毕大学（71%）、开普敦大学（58%）和达累斯萨拉姆大学（50%）。这是非常明显的优势，因为，2007年，在南非的23所大学中只有3所大学拥有博士学位的终身学术人员占比大于50%。2007年，加纳大学、麦克雷雷大学、毛里求斯大学、纳尔逊·曼德拉城市大学和博茨瓦纳大学拥有博士学位的终身学术人员占比在30%至49%之间。遗憾的是，我们没有这个指标的趋势数据，所以我们不能评论拥有博士学位的终身学术人员的占比是增加了还是减少了。

本研究中的3个产出指标是SET类专业毕业率、博士毕业生占终身学术人员的比例和终身学术人员的人均科研论文。以SET类专业毕业率来说，如果SET毕业生人数与SET招生人数的平均年比率为25%，那么意味着所有专业的总毕业率大致为75%，20%的年比率相当于60%的总毕业率，15%的年比率相当于45%的总毕业率。从SET类专业毕业率（详见表4）中可看出，博茨瓦纳大学、麦克雷雷大学、毛里求斯大学和开普敦大学的学生毕业率都至少为60%，而达累斯萨拉姆大学的学生毕业率不到60%。其余院校的毕业率都在50%以下。爱德华·蒙德拉内大学的SET类专业入学率最高（2001年至2007年为总入学人数的54%），毕业率最低。

博士的产出非常低。2007年，5所大学（博茨瓦纳大学、达累斯萨拉姆大学、加纳大学、毛里求斯大学和爱德华·蒙德拉内大学）分别仅产生了20名或更少的博士生，3所大学（麦克雷雷大学、内罗毕大学和纳尔逊·曼德拉城市大学）分别产生了21至40名博士生，开普敦大学产生的博士生超过100名（详见表3）。最令人担忧的是，除了加纳大学、达累斯萨拉姆大学和麦克雷雷大学，在其他院校中，博士毕业生人数的增长都低于10人，并且这些院校的博士毕业生基数很低（详见表5）。在内罗毕大学，博士招生人数年增长率为-17%。

从表5中，我们还可以看出，在达累斯萨拉姆大学，硕士招生人数增加了23.5%（从2001年的609人增加到2007年的2165人）。2001年至2007年，其他3所大学（毛里求斯大学、麦克雷雷大学和博茨瓦纳大学）硕士招生人数的平均年增长率超过10%。其他大学的增长低于10%，开普敦大学的增长低于1%（详见表5）。

如上所述，硕士招生人数的快速增长与博士招生人数的相应增多并不匹配。例如，在内罗毕大学，2001年至2007年硕士招生人数以年均7.7%的速度增长，但博士招生人数反而在下降。在麦克雷雷大学，硕士招生人数以每年15.5%的速度增长，而博士招生人数仅增长2.3%（详见表5）。硕士到博士的进修率在某些情况下似乎低得离谱。理想的硕士生和博士生招生比例应该至少为5：1，这表明硕士毕业生会发展成为博士生。

2007年，开普敦大学、毛里求斯大学和纳尔逊·曼德拉城市大学的硕士研究生和博士研究生比例均低于4：1，博茨瓦纳大学、达累斯萨拉姆大学和加纳大学的比例均在10：1至23：1之间，而其他3所大学（爱德华·蒙德拉内大学、麦克雷雷大学和内罗毕大学）的比例均在50：1以上。[①]

关于科研论文，我们认为旗舰知识生产者必须在国际同行评审期刊、书籍上发表研究性学术文章。我们将每位终身学术人员的发文目标设定为每两年发表一篇研究文章，换算年度发文数则为每人0.50篇。在我们的样本院校中，对于2001年至2007年的年度发文数，只有开普敦大学（平均值为0.95篇）符合这一要求（详见表4）。除了纳尔逊·曼德拉城市大学（0.31篇）和毛里求斯大学（0.13篇），其他大学的比例意味着，平均而言，它们的每个终身学术人员每10年或更长时间可能只发表一篇研究性学术文章。

从上面的分析可以看出，大学的产出不高，不足以为发展做出可持续的知识生产贡献。然而，在这种令人担忧的情况下，也出现了一些积极的趋势。大多数大学在拥有博士学位的教师、生师比以及硕士招生人数方面都有很强的投

---

① 这些硕士生、博士生入学率和毕业率包含在各自大学的个案研究报告中。

入表现。在产出方面，大多数院校的SET类专业毕业率都相当高。研究性学术文章的产出也有所增加，尽管基数很低。2007年，麦克雷雷大学在样本中产出的研究性学术文章总数排名第3（139篇），仅次于开普敦大学（1017篇）和纳尔逊·曼德拉城市大学（180篇）。麦克雷雷大学的研究性学术文章在7年间增长了11.6%，毛里求斯大学增长了7.8%，博茨瓦纳大学增长了7.4%，达累斯萨拉姆大学增长了6.1%（详见表5）。然而，对于加纳大学和内罗毕大学，经ISI认可的研究性学术文章的产出在下降。

还应指出的是，尽管本研究中的大学以学术文章形式体现的科研生产力正在提高，但由于世界其他地区的科研生产力提高得更快，非洲作为知识生产者的相对地位正在逐渐下降。撒哈拉以南非洲地区对世界科学产出的贡献约为0.7%，在过去的15至20年间，这一比例有所下降（French Academy of Sciences，2006）。

四、能力和生产力之间的差距

长久以来，常识性的观点是，非洲大学之所以缺乏研究成果就是因为缺乏能力和资源。然而，对投入指标和产出指标进行更仔细的审查后，我们发现了一些有趣的问题。为了进一步探索这一观点，我们选择了第1组的开普敦大学、第3组的达累斯萨拉姆大学和第4组的加纳大学作为这些组的代表，并基于标准化评分绘制了比较图（见图2）。

数据显示，开普敦大学和达累斯萨拉姆大学在SET类专业招生人数（开普敦大学为41%，达累斯萨拉姆大学为43%）、生师比（开普敦大学为13∶1，达累斯萨拉姆大学为14∶1）以及拥有博士学位的学者（开普敦大学为58%，达累斯萨拉姆大学为50%）等投入指标方面有惊人的相似之处。另一方面，加纳大学在工作人员资格方面只与其他两个国家相似。在投入指标上，开普敦大学与达累斯萨拉姆大学、加纳大学之间的巨大差异在于研究生人数在总学生人数中的占比（开普敦大学为19%，达累斯萨拉姆大学为9%，加纳大学为7%）和终身学术人员的平均科研经费（开普敦大学购买力平价为47700美元，达累斯萨拉姆大学购买力平价为6400美元，加纳大学购买力平价为3400美元）。

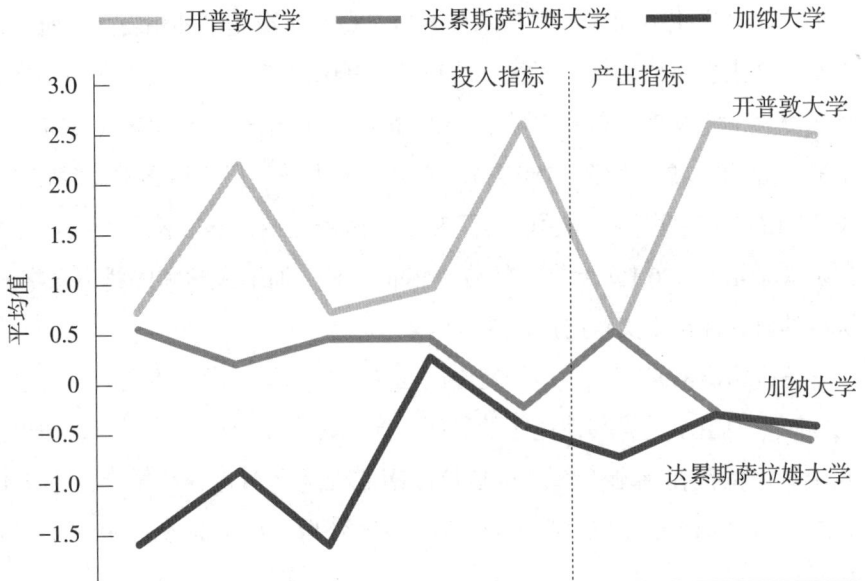

图2　三所入选大学的学术核心指标（标准化数据）

大学	SET类专业入学率	博士生和硕士生入学率	生师比	博士学位学术人员占比	研究经费／终身学术人员（PPP$）	SET类专业毕业率	博士毕业生占终身学术人员的比例	终身学术人员的人均科研论文（篇）
开普敦大学	41%	19%	13：1	58%	47700	21%	15.00%	0.95
达累斯萨拉姆大学	43%	9%	14：1	50%	6400	19%	2.18%	0.08
加纳大学	19%	7%	22：1	47%	3400	18%	0.17%	0.09

注：数据表给出了生师比，而生师比的倒数已被用在代表k-均值聚类结果的图中。之所以这样做，是因为生师比值较高是不利的，所以应该反映出k-均值聚类中的低值。加纳大学的生师比值较高，但在聚类平均值图中显示为较低的值。

在产出指标方面，开普敦大学和达累斯萨拉姆大学的SET类专业毕业率相似（分别为21%和19%）。其中最大的差别是博士毕业生占终身学术人员之比（2001年至2007年的平均数）：开普敦大学博士毕业生与终身学术人员比为15%，达累斯萨拉姆大学和加纳大学博士毕业生与终身学术人员比小于3%

（见图2）。

这一数据为非洲高等教育提出了一些有趣的问题。开普敦大学和达累斯萨拉姆大学在SET类专业（投入和产出）、生师比例以及博士学位的学术人员占比方面有着惊人的相似，但在博士毕业生和学术文章方面是无法比拟的。与其他院校相比，开普敦大学的不同之处在于研究生占比、研究经费和知识产出都要高得多。

在对高级学者的访谈中，我们提出了三个值得进一步研究的问题。第一个问题是研究经费问题。学者的研究经费不仅非常有限，而且烦琐的申请程序和对研究经费可用于做什么的限制让咨询经费更有吸引力；特别是咨询经费直接补充了研究经费，研究人员对如何使用也有了更多的酌处权。然而，咨询经费有消极的一面，它既没有出版的压力，也没有培养研究生的期望。因此，它对知识生产的两个方面，即研究生培养和出版，都产生了负面的影响。

一方面，像许多国家一样，鼓励出版是一个问题。学者获得教授职位后，在国际期刊上发表论文并没有得到直接的奖励，而是获得一种威望或成为"院校文化（institutional culture）"。为了鼓励这一活动，非洲的大学必须开始探索激励机制。在南非，政府为每所大学提供补贴，每名博士研究生大约45000美元，每篇经认可的科研论文大约15000美元，但这并不是简单的相关关系。终身学术人员的人均论文发表率最高的两所大学（开普敦大学和罗德斯大学）没有将这部分补贴直接转交给学术机构或部门，而是将其纳入一般业务预算，直接或间接地支持教学。

另一方面，我们值得进一步探讨研究与咨询之间的关系。Langa（2010）的博士论文研究表明，拥有强大的学术网络链接和出版物是获得咨询的途径之一。因此，这并不是说学者们会选择研究或咨询，有些人会在研究和咨询之间做出平衡，而另一些人似乎会"逐渐进入"咨询和对外援助网络。

第二个影响博士学位的产生以及相关研究培训和出版的问题是，不涉及博士学位学习的硕士课程大量增加，但这些课程并没有使这些硕士继续进行博士学习。例如，开普敦大学在2007年招收了2906名硕士生和1002名博士生。相比之下，2007年达累斯萨拉姆大学有2165名硕士生，只有190名博士生入学

（见表3）。这意味着，像达累斯萨拉姆大学这样的大学存在严重的"升学（pipeline）"问题。这可能是因为硕士课程并不能激发学生足够的信心去攻读博士学位，或者是因为没有这样做的动机，或者是因为个人正在国外攻读博士学位。无论出于什么原因，其影响是严重削减了博士毕业生数量，因此，这也是知识生产过程中的重要问题。

根据与受访者的讨论，将学术从知识生产中剥离出来的第三个问题是辅助教学。一方面，提高第三方收入的新方法，即公立和私立学生在同一院校内学习，院校给予对私立学生进行教学的老师额外的教学报酬的创新做法，导致在大学内部，学者们更多的是以此教学补充他们的收入。另一方面，私立高等教育机构的激增（一些机构实际上是在公立机构的运营范畴内）意味着大量的高级学者在从事"校外教学（triple teaching）"。

在完全没有全职学习经费，也没有外部（只有内在）机构奖励的"校外教学"情况下，博士生导师变成了可怜的竞争者。这同样适用于国际同行评议论文所需的严谨研究：将教学和咨询工作加在一起，要简单得多，回报也高得多。

上述情况的启示是，非洲的旗舰大学缺乏知识生产，并不只是缺乏能力和资源，而是在资源匮乏的情况下出现了能力和奖励相互矛盾的复杂激励体系。这导致这些大学根本上缺乏以产出为导向的强大科研文化。

研究发现

◎除了开普敦大学之外，本研究中，其他大学的学术核心知识生产产出不够强大，不足以使大学为发展做出可持续的贡献。

◎在样本中，没有一所大学从传统的本科教学角色转变为生产强大的学术核心角色，从而促进新知识的产生和发展。

◎各大学在投入指标上存在相当大的差异。最薄弱的投入指标是研究生招生比例和终身学术人员获得的科研资金；最有力的投入指标是生师比和拥有合格的工作人员。

◎在产出指标上，SET类专业的毕业率表现可喜，但都表现为低知识产出的趋同点，特别是在博士生毕业率和ISI引用的科研论文方面。

◎加强学术核心最严峻的挑战似乎是缺乏研究资金和低知识产出（博士毕业生和同行评议论文）。

◎知识产出低不能仅仅归咎于能力有限和资源匮乏；这些大学的激励结构存在问题，需要进一步研究。

◎有必要改进和强化关键学术指标的定义，以便系统、全方位地收集和处理（制度化）关键学术指标数据。

在下一节中，我们将继续探讨与学术核心实力有关的问题。我们将对与发展有关的项目及其与八所大学的学术核心的关系进行更广泛的分析。

第三节　协调性和连通性

如前所述，我们的分析框架认为大学对发展做出可持续的贡献需要具备以下三个相互关联的因素：主要行动者之间就大学在发展中的作用达成一致意见；大学的学术核心能力；政府、大学和外部团体的政策和活动之间的协调性和连通性。

在本节中，我们将重点讨论协调性和连通性的后几个方面。在本研究中，协调性指的是更有组织的互动形式，主要是政府和院校之间的互动。换句话说，是不同政府部门，特别是教育、科学和技术部门以及研究理事会的知识政策和执行活动。

在知识经济的背景下，知识政策变得越来越重要。广义上讲，知识政策是指旨在提高国家参与全球知识经济的（知识）能力的政治机制（政策和奖励）。因此，这些政策涉及高等教育和科技部门，涉及高级技能培训、研究和创新。知识政策的协调性可以在政策制定和政策执行两个层面进行。布劳恩区分了消极协调和积极协调。消极协调如下（Braun，2008：230）：

行动者，例如，对于不能完全独立决策、必须考虑到其他行动者

对其自身行为的负面效应的两个部门来说，消极协调是非合作博弈，它会导致行动者之间的相互调整，但并不会导致协调一致的行动，也不会导致政策的凝聚力。

积极协调超越了相互调整的范围："相反，行为者为了提供某些服务开始相互合作……这通常发生在部委或院校之间（Braun，2008）。积极协调是有效政策协调的必要条件，但不是充分条件。我们需要的是'政策整合'（协调目标）和'战略协调'（为未来制定共同愿景和战略）（Braun，2008：230—231）。最后两种协调方式表明需要协商一致或缔结公约。正如布劳恩所指出的'政策协调本身并不绝对需要整个政府，但它至少意味着一些政治行为者同意的观点'（Braun，2008：230）。"

本研究特别关注高等教育、科学、技术和创新部门以及负责经济发展或规划的部门之间的知识政策协调。

执行可视为政府政策协调的组成部分，它是协议（有关各方支持政策）、设计能力和机制或工具的执行应用能力的复杂结合。在国家层面，我们考查了负责高等教育的指导和供资的部委的作用。在大学层面，我们考查了涉及执行战略规划、奖励或激励制度，特别是与经济发展以及研究资助挂钩的教学和研究项目等方面的单位或结构的指标。

我们用"连通性"的概念来描述互动关系的松散形式，例如大学与外部团体，包括企业、外国捐助者和社区团体或院校之间的联系和网络。我们还探讨了院校领导确定的四十四个发展项目或中心与外部团体的联系程度，这些项目要么强化要么削弱了大学的学术核心。

在本节中，我们将讨论以下三个问题：

1. 各国政府是否协调了旨在使大学对国家发展做出贡献的政策和方案？

2. 各大学是否与促进发展的外部团体建立了联系？

3. 大学的发展活动是强化还是削弱了其学术核心能力？

一、知识政策的协调和实施

国家协调

在本节中,我们将介绍和讨论有关国家层面的知识政策和活动协调程度的调查结果。表6总结了本研究的8个非洲国家和大学相关协调指标的评级(这些指标的详细说明见附录C表C2)。从表6可以看出,毛里求斯在国家层面的评分最高。

在知识政策方面,毛里求斯和肯尼亚是得分最高的两个国家(参见第二章第一节表1)。在国家层面,毛里求斯和肯尼亚在协调政策和达成一致意见方面的评级也很高(参见表6和文本框3)。这份名单上还增加了南非。促进协调和建立共识的最常见手段之一是论坛。然而,访谈者的反馈意见表明,论坛只是谈话场所,协议的后续行动缺位,在监测进展和执行决定方面的尝试很少。即使在南非这样的国家,有更有力的协调形式,如部长级会议,但同样缺乏后续行动。在另一种情况下,由于不同部门派出不同级别的官员参加会议,会议的效率受到影响,导致人们对会议的信心逐渐丧失,只有毛里求斯是例外,该国正在通过多种手段和网络做出巨大努力,以扩大协议的认同范围。

表6 知识政策的协调

指标	最高得分	博茨瓦纳	加纳	肯尼亚	毛里求斯	莫桑比克	南非	坦桑尼亚	乌干达
国家层面	9	3	3	6	7	4	6	4	3
高等教育与经济发展相关联	3	1	1	2	3	1	2	1	1
涉及高等教育的政府机构之间能够协调并达成一致意见	3	1	1	2	2	1	2	1	1
大学和国家当局之间相关联	3	1	1	2	2	2	2	2	1

还有证据表明,非洲国家曾试图通过设立"超级部委"进行协调。例如,

在毛里求斯，为了执行将该国变为知识中心的计划，政府设立了教育和科学研究部（Ministry of Education and Scientific Research）。接着，将其改组为教育、文化和人力资源部（Ministry of Education, Culture and Human Resources），并于2010年5月再次将其改组为高等教育、科学、研究和技术部（Ministry of Tertiary Education, Science, Research and Technology）。2008年，肯尼亚成立了高等教育、科学和技术部（Ministry of Higher Education, Science and Technology），不过，据受访者称，这更多的是与政治联盟有关，而不是与政策协调有关。莫桑比克根据一项非常先进的科学、技术和创新政策，于2000年成立了高等教育、科学和技术部，但在2009年将其分解为单独的教育部和科学技术部。南非在科学和技术领域而不是教育领域实行了极为复杂的政策，最近设立了高等教育和培训部，把科学和高等教育明确地分开。在调查的国家和许多国际体系中，长期的问题是教育和科技部门之间缺乏合作（也就是布劳恩所说的消极协调），但合并它们似乎也不能保证积极的政策协调。

在大学和政府之间的互动方面，在三个成功的系统（Pillay，2010b）中，网络都发挥了重要的连接作用。在美国北卡罗来纳州，网络似乎比制度结构更强大；而在韩国，既有总理办公室领导下的正式协调机构，也有曾在首尔大学和海外（主要在美国）特定大学学习的学者和商界领袖网络。这些网络既具政治性，又富成效性，而且促进了大学和政府在项目和新举措中的合作。

参加研究的八个非洲国家中有五个国家（毛里求斯、莫桑比克、南非、坦桑尼亚和肯尼亚）有以某种形式存在的联系大学与政府的机制结构或平台，尽管不一定能进行有效的协调（见文本框3）。我们在非洲国家样本中观察到的是大学和政府领导之间的紧密联系，尽管它似乎更倾向于政治性而不是生产性。可以说，这两者实际上太接近了，因为我们经常遇到政策不稳定的情况，这意味着当政府发生政治领导人变动时，它既影响到政府部门，也影响到大学。上述莫桑比克的政策倒退和相关的工作人员变动就是一个比较明显的例子。

作为对薄弱部委的回应，并按照国际最佳做法，几乎所有的抽样国家都设立了高等教育理事会或第三级教育理事会。这些理事会的资源比国家各部委的资源更充足，并且离直接的部长级会议更远。这些机构比传统部委更有能力发挥协调作用。然而，这些相对较新的组织都在经历着某种形式的角色重组。大多数此类机构都是作为质量认证机构开始的，例如，在博茨瓦纳、毛里求斯和坦桑尼亚，它们越来越多地承担从系统规划到领导能力建设的多种角色，在某些情况下，甚至需要进行资金分配。

文本框3

知识政策和活动的协调

经济发展和高等教育规划相关联

在这八个非洲国家中，没有一个国家在经济发展和高等教育规划之间建立了明确的联系。在毛里求斯，过去二十年的经济发展历史表明，存在着确保经济发展和教育规划之间高度关联的非正式结构。教育、文化和人力资源部与财政和经济赋权部之间的密切合作证明了这一点。

南非存在协调经济和教育政策的体制结构，如总统政策司（President's Policy Unit）和2009年底成立的国家计划委员会。诸如《南非人力资源开发战略》（*Human Resource Development Strategy for South Africa*）、《南非加速共同增长倡议》（*Accelerated and Shared Growth Initiative for South Africa*）和《工业政策行动计划》（*Industrial Policy Action Plan*）等政策文件也强调了这两个部门之间协调的必要性。此外，高等教育机构资助政策鼓励院校培养更多的博士并奖励同行评议的论文。

在肯尼亚，有证据表明高等教育、科学和技术部与总统办公室之间有一定程度的合作，总统办公室负责设计和执行国家的主要政策文件，即《肯尼亚2030年愿景》（*Kenya Vision, 2030*）。然而，没有证据显示肯尼亚有细致的经济和教育规划。

高等教育中政府机构的协调和共识的建立

在毛里求斯，高等教育、科学、研究和技术部、高等教育委员会与高等教育机构之间有建立共识的迹象。然而，这似乎是间歇性的，而且是在没有专门的论坛的情况下进行的。为促进高等教育和培训部与大学的协调，在两者间建立共识，南非设立了一个专门的论坛，即南非高等教育论坛。时任总统塔博·姆武耶卢瓦·姆贝基还成立了一个高等教育工作组，主要负责评估大学在国家发展中的作用。在肯尼亚，有一些证据表明政府、大学和捐助者在高等教育目标和执行方面进行了非正式合作。

连接大学和政府的机构：国家理事会

这八个国家都有管理机构（称为高等教育理事会／协会或第三级教育理事会／协会），它们促成了高等教育机构与政府之间的联系。然而，这些机构的效力在其监管和其他职能方面各不相同。在莫桑比克和坦桑尼亚，根据现有资料，无法对其管理机构，即国家高等教育理事会和大学委员会的有效性做出评论。在乌干达，国家高等教育理事会似乎正在规范公立大学，并进行适当的研究。在毛里求斯和博茨瓦纳，理事会似乎在决策和管理方面具有相对影响力。在加纳和毛里求斯，理事会在院校筹资方面发挥了重要作用。在肯尼亚，委员会在对公立大学的作用和责任方面似乎能力相对较弱，但在私立大学方面似乎发挥了更适当的作用。在南非，高等教育理事会既要发挥教育部的咨询政策作用，又要发挥资格监管机构的作用。然而，实际上，最活跃的作用是后者。

研究发现

◎在国家层面，大多数国家开展了大量的协调活动，包括从论坛到集群以及国家部委的重组。然而，这些都是不起作用的或是象征性的协调。

◎政府官员和大学领导之间当然存在着紧密的关系，但这些关系似乎更倾向于政治关系。

◎所有国家都设立了高等教育委员会，部分是为了弥补软弱的部委，并进行独立的认证和质量评估。在本研究执行的过程中，它们都在进行"角色重组"，且有可能成为协调和实施监测的关键角色。

执行情况

表7总结了八个国家和大学相关知识政策和活动实施指标的评级（这些指标的详细说明见附录C表C2）。

表7 知识政策和活动实施指标评级

指标	最高得分	博茨瓦纳	加纳	肯尼亚	毛里求斯	莫桑比克	南非	坦桑尼亚	乌干达
国家层面	12	8	8	8	8	5	11	7	6
高等教育管理部门的作用	3	2	2	2	2	1	2	2	1
指导高等教育走向发展的实施情况	3	2	1	1	2	1	3	2	1
院校收入来源均衡比例	3	2	3	3	2	1	3	1	2
资助连贯性	3	2	2	2	2	2	3	2	2
大学层面	18	10	8	8	13	7	13	10	10
与经济发展有关的具体单位、供资或岗位	3	1	1	1	3	1	1	1	1
与发展有关的活动的激励和奖励	3	2	1	2	1	2	2	1	2
与劳动力市场有关的教学方案	3	3	2	1	2	1	3	2	2
将学生与经济发展联系起来的具体方案	3	1	1	2	3	1	2	3	1
更加注重经济的研究活动	3	2	2	1	3	1	2	2	3
政府和院校的研究经费水平	3	1	1	1	1	1	3	1	1
小计	30	18	16	16	21	12	24	17	16

在本研究中，南非是唯一具有指导能力、稳定的供资制度和可持续收入来源的国家。然而，它并没有看到高等教育在经济发展中的作用，这意味着指导主要是基于处理高等教育系统内部的问题。乌干达和莫桑比克似乎是国家层面能力问题最严重的两个系统，后者更是因高等教育、科学和技术部解散而失去了能力。

在许多国家，政府补贴制度不仅不稳定，而且打击了院校的创收行为，因为如果院校的第三方收入提高了，这些国家次年会减少对院校的政府补贴。

文本框4

知识政策和活动的实施

南非在三项执行指标上评价很高：引导高等教育转向经济发展的执行情况，各机构收入来源的平衡比率，以及供资的连贯性。南非采用院校资助模式，通过鼓励博士学习和出版来引导这一体系。大学资助体系在政府拨款、学费和机构自身收入上呈现多样化。最后，该国根据高等教育院校规划、政府预算限制和中期支出框架，提供了保持资金连贯性的良好模式。

加纳和肯尼亚在机构收入来源指标平衡比率上的评级较高。就加纳而言，有证据表明，该国试图进行筹资创新，并使机构筹资来源多样化。就前者而言，增值税的一部分被用于资助高等教育资本支出、学生贷款和研究。而后者，学生的学费相对于政府的资助正在上涨。肯尼亚（以及乌干达）制定了双轨学费计划，以应对国家供资下降的挑战。该计划极不公平，其为在中学毕业考试中取得最佳成绩的特定数量的学生提供免费教育，并向被录取的其他学生收取费用。造成这种不平等的部分原因在于，获得全额奖学金的人中，大多数也就读于国内最好的学校，而且大多来自富裕的家庭。

大学层面的执行是指与经济发展、经济发展类活动的激励措施、可得资金、与劳动力市场有关的具体项目以及以经济为导向的研究活动有关的单位或机构（见文本框5）。

在抽样的八所大学中，毛里求斯大学是唯一一所拥有若干具体部门和岗位并将自己的活动与经济发展联系起来的大学。其大多数具体部门和岗位侧重于研究、创新和技术，以及支持中小企业。毛里求斯还十分重视基于工作的学习，并在其研究和创新小组中大力关注经济发展。

有趣的是，尽管纳尔逊·曼德拉城市大学的知识经济评分较低（见表1），但在实施评分中得分较高。该大学制定了被认为与经济发展高度相关的长远目标，在八所大学中，来自政府和该大学本身的研究经费均最高。此外，该大学还采取了措施，将学生与劳动力市场联系起来，并将经济发展重点纳入研究议程。

在其他大学，与经济发展有关的活动部门、岗位或资金筹措的证据只能在它们自己的档案袋（specific pockets）中找到。

虽然许多大学（例如麦克雷雷大学）对学者从事研究有某种形式的激励，但没有一所大学激励其学术人员从事与经济发展有关的研究或教学。在纳尔逊·曼德拉城市大学，有物质激励鼓励学者参与创新，但在资金或时间分配方面没有激励他们参与其他形式的活动（例如社区服务或外部联系）。该大学计划制定承认和奖励科研、教学和社会服务活动的政策，并制定工作量政策，以确保在教学、科研和社会服务责任之间取得适当的平衡。

文本框5

知识政策在大学层面的实施情况

与经济发展有关的具体单位、筹资或岗位

多年来，毛里求斯大学设立了若干岗位和部门，以促进该机构在经济发展方面的活动。

◎负责研究、咨询和创新的副校长专门办公室，负责管理金融机构，并为该机构的所有研究、创新和咨询活动提供设施和资金。

◎咨询和合同研究中心，协调大学与政府、企业和其他利益相关者之间的所有咨询和合同研究。技术管理小组，在大学和外部公司之间进行联络，围绕研究合作和成果的商业化。

◎拥有多学科卓越中心的卓越园区，其目的是通过促进研究和发展来处理国家优先事项并把握机会。

◎促进中小企业的大学支助网络，目的是根据政府促进中小企业发展的政策，利用大学资金促进中小企业的发展和改善。

将学生与经济发展联系起来的具体项目

近年来，达累斯萨拉姆大学为了应对经济变化和更广泛的商业环境，更加强调企业培训和小型企业的发展。该大学有一项创业政策，要求每个学生都接受创业培训。一些院系开设了单独的创业课程，另一些院系将创业培训纳入其主流课程。此外，达累斯萨拉姆大学还推出了创业和企业发展专业的研究生文凭和硕士课程。

毛里求斯大学与布拉德福德大学（University of Bradford）合作，从英国文化委员会的英格兰—非洲高等教育伙伴关系项目（England-Africa Partnerships in Higher Education Project）中获得一笔赠款，将基于工作的学习纳入本科课程，支持本科学生就业，以提高其就业能力。基于工作的学习部门（Work-based Learning Unit）确定并培训了来自工业界的导师，他们在学生工作安置期间为他们提供指导和支持。这些导师还评估了学生的一系列能力，包括沟通、团队合作、改善自己的学习和表现、解决问题和工作与应用数字、信息技术。

与劳动力市场有关的教学方案

2006年，南非教育部要求纳尔逊·曼德拉城市大学确定五个学术增长学科，作为其2006—2010年学校运行计划和招生计划的一部分。大学查阅了广泛的国家政策文件和经济增长战略，确定了五个优先学科，其中包括：基础设施发展，环境和自然资源管理，经济和商业发展，社区和保健发展及教育、文化和通信。

博茨瓦纳大学的战略规划强调了本科招生在学科层面的具体目标（根据2008年发表的《2016年招生预测报告》）。其2016年的本科招生学科目标如下：

◎商业和信息通信技术类学科招生比例为20%；

◎科学、工程和卫生科学类学科招生比例为30%；

◎人文社会科学类学科招生比例为31%；

◎教育类专业招生比例为19%。

更加注重经济的研究活动

博茨瓦纳大学根据现有的研究实力领域、国家研究重点、国际研究趋势和新出现的社会需求，确定了若干优先研究主题。博茨瓦纳大学研究议程将经济多样化和企业家精神主题中的经济发展作为直接重点，将与可持续发展和减贫有关的其他主题作为间接重点。

麦克雷雷大学有一项院校研究议程，由大学及其研究人员、国家优先事项和外国捐助者的议程推动。乌干达政府的消除贫穷行动计划（Poverty Eradication Action Plan）为多学科研究议程提供了信息。注重经济发展是大多数主题所固有的，尽管这些主题间接反映着经济发展，例如：教育促进发展，粮食和营养，环境可持续发展，自然资源的利用和保护以及适当技术、经济和生物技术等贯穿各领域的主题。

毛里求斯大学的《战略研究和创新框架》（Strategic Research and Innovation Framework）概述了研究和创新活动的若干优先项目。优先项目包括关注经济发展的项目，例如与毛里求斯科学和技术以及经济转型有关的项目，而其他项目则是间接优先项目，因为它们与健康和环境有关。

研究发现

◎在国家层面，将高等教育与经济发展联系起来的最薄弱环节是大多数国家的教育部没有指导工具或机制。

◎一些国家部委限制了院校开发第三方收入。

◎每所大学至少有一个与经济发展有关的机构和一个或多个具体项目。问题是，在太多情况下，这些倡议是由个人推动的，而不是制度化的。此外，这些特殊的实施工作需要更好地联系起来。

◎尽管政策强调与发展活动有关的研究的重要性（主要是通过重点主题），但很少有机构为此设立特别基金。除了传统的学术晋升制度之外，与经济发展有关的研究也没有得到奖励。

二、大学与外部利益相关者的联系

企业和社区

样本中的大多数大学都谈到了在其院校计划或研究政策中与外部利益相关者接触的重要性，事实上，在所有的大学中，都有证据表明其通过教学、研究、咨询和其他形式进行这种活动。对八所大学与经济发展有关的若干活动的审查（见第四章）表明，学者提供的教学、研究和服务使许多外部利益相关者受益，这些受益的外部利益相关者大到政府、外国捐助者、企业界、私营部门和非政府组织，小到女教师、农民、街头商人和疾病负担人群。大学还与系列外部利益相关方合作或代表这些利益相关方开展工作，特别是政府、企业界、私营部门以及非政府组织或社区组织。

虽然这些联系不是本研究的主要研究重点，但我们确实收集了一些证据，说明在访谈期间大学与主要外部利益相关者，特别是与企业和私营部门（包括中小企业）以及外国捐助者（见第四章）互动的性质和程度。

虽然有证据表明八所大学都与企业和私营部门有联系，但一般限于院系或中心层面，而不是院校层面的伙伴关系或联系。此外，除了纳尔逊·曼德拉城市大学和毛里求斯大学的特别咨询外，几乎没有任何证据表明大学参与了与企业有关的研究和开发。这在很大程度上是因为这些国家的企业部门不发达，私人科研部门非常罕见，尽管有国际公司在非洲运营，但它们的研发通常在别处进行。当然，这在大多数发展中国家都是一个问题，在非洲尤为严重。一些大学（例如毛里求斯大学）开始通过建立大学与工业或私营部门的联络处来解决其院校与工业或私营部门之间缺乏互动的问题。一些受访者表示，部分问题还在于学者的态度，其中一些人不愿意与外部利益相关者接触。

与私营部门互动有两种形式。一是在教育和培训领域。例子包括在负责课程设计和修订的咨询委员会使用私营部门人员（毛里求斯大学和博茨瓦纳大学）、工作安排、客户化的详细培训方案。二是商业发展和对中小企业的支持，这也是最普遍的互动形式。例子包括毛里求斯大学和达累斯萨拉姆大学的企业孵化器项目或单位，纳尔逊·曼德拉城市大学的汽车零部件技术站，在东部非洲的爱德华·蒙德拉内大学、达累斯萨拉姆大学和麦克雷雷大学的创新系统和集群方案，乌干达麦克雷雷大学的盖茨比信托基金，博茨瓦纳大学的企业诊所，以及内罗毕大学的非洲服装和鞋类研究网络。

只有两所大学——内罗毕大学和毛里求斯大学设有专门与外部利益相关者协调活动的单位（见文本框6）。

文本框6

大学与外部分组的联系

在毛里求斯大学，院系必须让咨询委员会参与制订新的学术方案和修订课程，咨询委员会包括公共和私营部门以及非政府组织的外部利益相关者。在博茨瓦纳大学，每个系都有一个咨询委员会，为课程的制订提供信息。这些委员会由该部的成员以及大学以外的主要利益相关者（如政府、私营部门和非政府组织）组成。

咨询和其他社会活动的协调

内罗毕大学企业和服务有限公司（University of Nairobi Enterprises and Services Ltd., UNES）成立于1996年，目的是促进和协调大学的各种创收活动，包括教学、研究和咨询活动。UNES 注册为一家私营股份有限公司，作为独立于大学的单独法律实体运营。除此之外，UNES还负责促进、协调和提供大学内创收活动的管理服务。

毛里求斯大学与政府和企业界协调联系和活动的主要单位是咨询和合同研究中心（Centre for Consultancy and Contract Research）。该中心旨在鼓励和促进工作人员之间的咨询活动，以此促进该国的社会经济发展。它协调所有咨询和合同研究，并管理大学研究、许可和技术转让产生的知识产权。2006 年，毛里求斯大学设立了中心顾问观察组（Consultancy Watch Unit），以协助工作人员辨别和争取咨询机会。

研究发现

◎虽然有证据表明，八所大学都与企业或私营部门之间存在联系，但这通常是建立在院系或中心层面，而不是院校层面的伙伴关系。

◎除了纳尔逊·曼德拉城市大学和毛里求斯大学的特别咨询外，几乎没有证据表明其他大学在从事企业研发或在为企业进行研发。

国外捐赠者

发展援助促进了非洲独立后大学的发展。然而，在世界银行的政策转向初等教育之后，援助在20世纪80年代和90年代大幅度减少，政府与大学之间的关系恶化。

2000年后，对非洲高等教育的发展援助再次显著增加。CHET的发展援助研究表明在2000—2005年，非洲高等教育获得的捐款约为10亿美元。2005年7月，以非洲和《千年发展目标》为会议重点的格伦伊格尔斯G8峰会（G8 Gleneagles）大大加强了国外对非洲高等教育援助的新兴趣。峰会结束后，英国首相发表公报，宣布了这一历史性的机遇和新的承诺："现在是非洲的机遇时刻。它的领导人接受了对非洲大陆未来的新设想，承认他们在应对非洲大陆的挑战和实现其机遇方面的领导作用。"英国首相敦促把重点放在非洲，因为"它是唯一到2015年还没有实现《千年宣言》中任何目标的大陆"。

G8峰会承诺到2010年每年增加对非洲226亿美元的发展援助。由于G8占了官方发展援助总份额的70%，这一增长将使八国集团对非洲的援助增加一倍以上。具体援助目标包括在教育、艾滋病和减贫方面的大规模投资，这些投资对实现《千年发展目标》而言本该是重大的推动力量。

根据对八国集团对非洲承诺的独立评估（Gastfriend，Morton，2010），八国集团有望在2010年之前实现格伦伊格尔斯G8峰会承诺的61%的援助，每年增加约138亿美元，而原本承诺每年增加226亿美元。承诺的发展援助缺口主要集中在法国、德国和意大利，但日本、美国和加拿大对非洲提供的发展援助到2010年底将超过它们的承诺。此外，英国预计也会兑现承诺。因此，虽然G8峰会没有兑现2005年的雄心勃勃的承诺，但大量资金正在用于发展援助，人们对高等教育产生了新的兴趣。

对有关非洲发展援助的主要国际宣言和协定的解读表明，各种做法大相径庭，没有一个普遍接受的发展模式或办法能将发展的系列关键驱动因素联系起来。这可能是由援助国国家利益的特殊性导致的。但是，非洲自身也没有就高等教育在发展援助中的作用达成协议。例如，非洲经济委员会在 2004 年出版了一本很有分量的大部头书，题为《非洲经济报告——释放非洲的贸易潜力》（*Economic Report on Africa: Unlocking Africa's Trade Potential*）。然而，这份广为人知的文件没有提到高等教育的作用及其对知识创造、技能发展和总体发展的重要性（Maassen et al.，2007）。同样，非洲发展新伙伴关系（New Partnership for Africa's Development，NEPAD）和南部非洲发展共同体的诸多官方文件也没有重视高等教育。

即使八国集团仅仅实现了61%的目标，但它仍然相当于大幅度地增加了对非洲的发展援助，特别是对高等教育的援助，而且资金数额巨大。因此，问题不仅是需要更多的援助，更重要的是如何更有效地使用援助。在这项研究的背景下，我们对外援与非洲高等教育之间的关系的兴趣点有三个方面，包括制订议程、协调援助项目以及发展援助对非洲大学学术核心可能产生的影响。

据达累斯萨拉姆大学的领导人说，并非所有捐助机构都把政府的优先事项考虑在内，但部分捐助机构会这样做。有人提到瑞典国际开发合作署（Swedish International Development Cooperation Agency，SIDA）是响应当地需求提议的特别案例。一些受访者表示，捐赠者更有可能与单个学者一起推动自己的议程。例如，一位受访者说："有一些捐助者有特别议程，他们总是会去找某个工作人员或某个部门主管。"

在加纳大学，一些受访者谈到为确保研究或项目资金而对外国捐助者的议程做出响应与满足当地需要之间的紧张关系。例如，一位项目负责人谈到，当捐助者只想资助热带疟疾和传染病（艾滋病）的研究时，那么为诸如慢性高血压、心脏病和糖尿病等新的健康问题筹集资金便是困难的。另一位受访者强调了捐助者和国家优先事项之间的紧张关系以及传统的学术评估形式。

一些高级学者还评论了捐助者希望资助的学科，特别是在社会科学方面的资助变化和资助越来越不明确的情况。用内罗毕大学一位高级学者的话："我不知道捐助者对什么感兴趣。我不介意意识形态，即使我不同意，至少我知道我的立场，但对于许多主要捐赠者，我真的不知道余生我该何去何从，我也不知道谁在为社会科学提供资金。"

议程和项目协调是重大问题，更不用说需要做出相当大的行政努力，以便对多个捐助者进行核算。有些院校为捐助者收集的报告和编排的数据比政府或自身管理的数据更加系统和有组织性。

达累斯萨拉姆大学和爱德华·蒙德拉内大学是两所为捐助者协调工作投入大量努力和资源的大学（参见文本框7）。据达累斯萨拉姆大学的计划和财务总监称，他们正努力把在大学获得的外国捐助资金方面的战略计划制度化。这只是开始成为可能，因为在过去，大学的需求是如此之多，他们会接受所有捐助的资金：

> 你知道，我们有如此多的需求，我们的学生宿舍越来越差，我们没有足够的教学设施，实验室已经死气沉沉，车间也已经死气沉沉。你看，无论我们在哪里得到资金，我们都会说："是的，请给我，因为我需要这个。"但我认为，鉴于我们从世界银行获得的贷款支持，我们现在可以说："这些领域是我们今后几年中需要得到支持的领域。"

计划和财务总监还报告说，虽然捐助机构之间在国家层面上进行了一些协调（例如，捐助方知道其他捐助方在政府层面提供了哪些资金），但对正在提供给大学的资金没有进行协调（因为资金是通过国库提供的）：

> 非常有趣的是，我们发现两个或以上的援助者之间没有协调。他们彼此不认识，而且有些援助活动是重叠的。因此，这使我们认识到，援助者之间的横向对话是非常紧迫和重要的，而不仅仅是纵向对话。我是说，援助者和我们受援者有联系，但他们之间没有联系。

在爱德华·蒙德拉内大学，新成立的捐助者协调办（Donor Coordination Unit）可直接向副校长报告，负责协调大学和外国捐助者的利益和议程。该办公室是负责协调SIDA／SAREC[①]合作的长期办公室。此外，该办公室还将负责召集主要捐助者开会并讨论其活动，以便协调资助领域和报告机制，并尽可能避免重复或重叠。然而，联检组协调员报告说，在最近的一次大型捐助者会议上，他们之间在资助领域和活动显然没有协调。此外，对捐助者资助的小型项目进行协调几乎是不可能的，因为这些项目通常是与个别研究人员协商的。

爱德华·蒙德拉内大学在我们的样本大学中获得的捐助比例最大，与SIDA／SAREC已经建立了三十多年的关系，它还通过政府获得了世界银行的大笔发展赠款。在此期间，SIDA／SAREC资助了个人项目、能力发展项目（包括硕士和博士学位）、规模更大的研究方案和设施基金，涵盖昂贵的设备和实验室的维护等。在过去的几年里，SIDA／SAREC资助的大型研究项目被强制纳入了硕士、博士培训。

然而，尽管爱德华·蒙德拉内大学硕士招生人数有所增加，但在八个国家的样本大学中，它的博士招生人数是最少的（参见表3）。部分原因是仍然有许多博士候选人选择在海外大学注册，特别是在捐助国，但更重要的原因是莫桑比克政府、大学和捐助者三者之间没有协调。政府已放弃捐助者对科研和博士生培养方面的捐款。但是，捐助者不可能成为"国家的替代品"：具有全球竞争力的最高级别的培训和知识生产需要政府、捐助者和大学的共同努力。

文本框7

大学内部和外部捐助者的利益连接

在爱德华·蒙德拉内大学，直接向校长报告的捐助者协调办负责协调大学和外国捐助者的利益和议程。这包括与更大的捐助者谈判，这些捐助者认为资助的方案需要符合体制和国家优先事项。该协调办还将负责召集主要捐助者讨论其活动，以便协调资助领域和报告机制。

---

① SIDA／SAREC是瑞典国际开发合作署／研究合作部。

达累斯萨拉姆大学的主要协调机构是规划和财务部，它负责制订和执行大学各单位的协调战略规划，筹集不同来源的资金，并监督这些资金的收支。本研究特别关注的是该部门在确保大学战略目标、学术活动和外国捐助者利益之间的协调程度方面的作用。

研究发现

◎议程和项目与捐助方的协调是重大问题，更不用说需要做出相当大的行政努力，以便对多个捐助方进行核算。只有两所大学（达累斯萨拉姆大学和爱德华·蒙德拉内大学）建立了强有力的协调机构。

◎特别是在社会科学家中，有一种看法认为捐助者的兴趣减少了，而且越来越不清楚捐助者想要资助什么。

三、发展活动与学术核心的联系

加强高等教育与经济发展之间的关系关键在于在知识与连通性之间建立一种富有成效的关系。一方面，如果过分强调教学和科研活动，换句话说，过分强调学术核心，会导致大学成为"象牙塔"。相反，如果学术核心薄弱，过分强调基础知识会导致大学仅发挥辅助作用（即没有对经济发展起直接作用）。另一方面，大学过分强调与经济发展活动的联系，会削弱大学的学术核心，大学在交流关系中几乎不会产生新的或相关的知识。

因此，大学面临的挑战是，在"缓冲"（保护）大学的核心技术和"连接"这些技术与外部参与者之间，如何处理这种内在的紧张关系（Scott，2001：199-211）。事实上，大学内部和外部之间的界限并不那么明显。一些高等教育专家，如Gibbons et al.（1994）和Scott（2001）认为，随着全球化及其相关的知识生产的新形式的出现，大学内外部的界限越来越模糊，越来越具有渗透性。

高等教育研究文献用"耦合"的概念来描述以上问题（Scott，2001；Weick，1976），即核心和外部（或外围）彼此联系或联系的程度。在紧密耦合中，边界很薄弱，大学与政府或企业等外部行为者有着直接的"工具性"关系。在松散耦合中，边界更加牢固，例如在大学作为自治机构的传统观念中，它对经济发展做出间接贡献。更复杂的关系是与"发展引擎"的关系，其中有多种同时存在的知识生产和交流形式。

鉴于研究目的，我们使用"连通性"来指注重强化和维护学术核心的大学内部与强调利益相关者和经济发展的大学外部之间的关系（和张力）。在本章中，我们提出了一种方法来调查这种紧张关系，并将这种方法应用到研究中的八所大学的少量项目中。

我们首先简要概述为了解决这些问题而收集和分析数据采用的研究方法。

研究方法

在研究小组准备访问每所大学时，我们要求大学领导人确定把与经济发展有关的五至十个项目（即以经济发展或减贫为重点的项目）纳入调查对象。最后，收集了八所大学的四十四个项目和中心的详细信息。尽管这些项目不一定在所有情况下都是具有吸引力或示范性的，但是各大学的领导们认为它们与经济发展密切相关。

我们沿着两个维度来运行连通性。第一个维度是"联系（articulation）"，它包括许多方面。首先，它指的是与经济发展有关的活动的目标和成果在多大程度上与国家优先发展事项和大学的战略目标相一致。其次，它指的是该项目与三角关系中的两个利益相关者的联系，即与政府（通常是通过具体的政府部门或机构）和外部利益相关者（例如行业、小企业、非政府组织或社区团体，如渔民或小规模农民）之间的联系。我们尤其注重与执行机构（即通过研究或培训产生或应用的知识和／或其产品的外部机构）的联系程度。第三，"联系"还考查通过供资来源产生的两个方面的联系：第一个方面是项目中心是否从三个利益相关者群体（政府、外部资助者或大学本身）中的一个或多个中获得资金，项目中心在多大程度上与资助者发展关系；第二个方面是由项目财务可持续性的性质决定的。

第二个维度是发展活动在多大程度上有助于加强大学的学术核心。关注点包括：项目中心开展的工作在多大程度上促进教学或课程开发；工作是否与学生的正式培训挂钩；工作是否使学者能够在学术出版物（期刊、书籍等）上发表文章；工作是否与国际学术网络挂钩，并产生新的知识（而不是应用现有知识）。

与"联系"和"加强学术核心"有关的各个方面被转化为指标（参见表9），这些指标用来分析本研究报告中所包括的与发展有关的项目和中心。在指标评级的基础上，项目／中心被绘制在描绘"联系"和"加强学术核心"之间交集的图片上。关于四十四个项目中心的详细描述和分析，参见CHET网站上的八份个案研究报告。

项目数据和分析

为了进行综合讨论，我们从八所大学中各选择了一个项目／中心进行分析和讨论。这些项目／中心代表了各种不同类型或类别，例如：长期研究项目、短期咨询、制度化培训和小企业支助。表8概述了八个项目／中心，表9总结了"连接"和"加强学术核心"的评级情况，项目／中心沿着图3的两个坐标轴绘制。

表8　发展项目／中心概述

大学	项目／中心	类型	时间	供资人	受益人	议题设定	经济发展重点
博茨瓦纳大学	博茨瓦纳大学商业诊所（UB Business Clinic，BC）	实践培训和支持服务	1995年，进行中	大学，通过学生商业活动获得的收入	想开创或培育中小企业的学生或公众	院系教员	支持创建新的中小企业或者培育现有的中小企业
达累斯萨拉姆大学	中小企业盖茨比俱乐部（SME Gatsby Clubs，SMEGC）	小企业支持	2004年，进行中	国外捐助者，大学	坦桑尼亚的中小企业	大学的教员	培训、支持和辅助目标中小企业
爱德华·蒙德拉内大学	能源、环境和气候改革中心（Energy, Environment and Climate Change Research Programme，EECC）	研究项目	2006年，进行中	国外捐助者，政府机构	政府、私立部门、NGO组织、学生以及农村人口	学术人员	研发可再生能源解决方案

续　表

大学	项目／中心	类型	时间	供资人	受益人	议题设定	经济发展重点
加纳大学	野口纪念医学研究所（Noguchi Memorial Institute for Medical Research，NMIMR）	研究院和研究所培养项目	1979年，进行中	国外捐助者，政府	加纳人民、政府医疗机构和当地的NGO组织	国外捐助者和研究所职员	公共医疗部门的科研、培训和诊断服务
麦克雷雷大学	社区教育和服务项目（Community-Based Education and Service，COBES）	基于社区的教育和服务类别	2003／2004年，进行中	国外捐助者、大学以及部分工薪阶层	医学院学生和当地社区	大学职员	为贫困的农村社区提供医疗服务
毛里求斯大学	扶贫战略小组（Review of Strategies for Poverty Alleviation，RPAS）	外部资助咨询	2009年2月至10月	政府的独立咨询机构	政府部委	咨询机构	在扶贫利益相关者中制定政策和培养能力
内罗毕大学	非洲地球科学合作中心（African Collaborative Centre for Earth System Science，ACCESS）	长期能力建设项目	1989年，进行中	政府机构，大学和国外捐助者	非洲科学政策协会、NGO组织和当地社区	大学科研人员、国际科研人员	与贫困相关的环境问题的科研和能力建设
纳尔逊·曼德拉城市大学	汽车零部件技术站（Automotive Components Technology Station，ACTS）	咨询项目和培训	2002年，进行中	政府机构和工薪阶层	汽车零部件行业的中小企业	有行业经验的学者和捐助者	为行业（特别是中小企业）提供咨询项目和培训

表9 发展项目／中心的"联系"和"加强学术核心"评分

项目／中心	博茨瓦纳大学商业诊所	中小企业盖茨比俱乐部	能源、环境和气候改革中心	野口纪念医学研究所	社区教育和服务项目	扶贫战略小组	非洲地球科学合作中心	汽车零部件技术站
"联系"评分（最高分为13）								
机构目标	2	2	0	0	0	0	0	2
国家优先事项	1	2	2	2	1	2	1	2
资助来源数量	2	2	2	2	3	1	3	2
资助稳定性	3	2	2	3	2	1	3	3
实施机构	0	2	1	2	0	1	1	2
总评分	8	10	7	9	6	5	8	11
加强学术核心（最高分为5）								
教学／课程开发	0	0	1	1	1	1	1	1
学生的正规培训	0	1	1	1	1	0	1	1
生产新知识	0	0	1	1	0	1	1	1
学术论文	0	0	1	1	1	0	1	1
与国际学术界的联系	0	0	1	1	0	0	1	1
总评分	0	1	5	5	3	2	5	5

"联系"评分标准

机构目标／国家优先事项：

2=直接（与具体的战略目标或国家优先事项相关）

1=间接（泛泛，一般地提及）

0=没有（没有报道相关联系）

资助来源数量：

有以下资助来源之一的记1分：大学、政府、国外捐赠者和创收。

资助的可持续性：

1=一次，短期（时间小于等于1年的项目，且仅获得了一轮资助）

2=长期但有上限（时间大于1年的项目，收到了一次或多次资助，但资助金额有上限）

3=持续性的（收到持续性金额的项目，例如来自大学或创收的可持续支持）

与实施机构的联系：

2=直接联系

1=间接联系

0=无联系

"加强学术核心"的评分标准

1=是

0=否

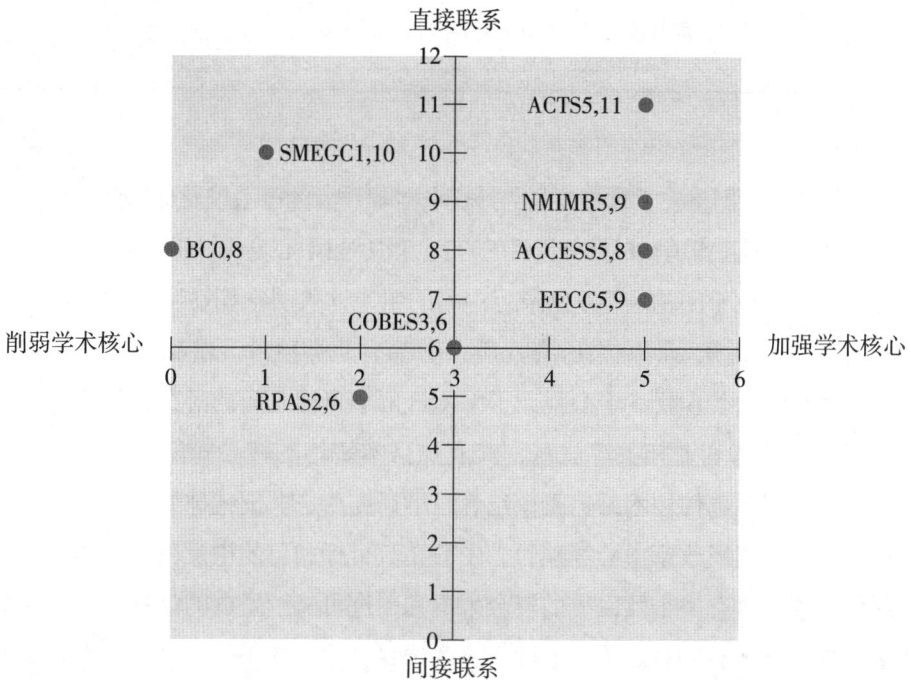

图3 发展活动图

注：

缩略词	项目／中心	大学
BC	博茨瓦纳大学商业诊所（UB Business Clinic，BC）	博茨瓦纳大学
SMEGC	中小企业盖茨比俱乐部（SME Gatsby Clubs，SMEGC）	达累斯萨拉姆大学
EECC	能源、环境和气候改革中心（Energy，Environment and Climate Change Research Programme，EECC）	爱德华·蒙德拉内大学
NMIMR	野口纪念医学研究所（Noguchi Memorial Institute for Medical Research，NMIMR）	加纳大学
COBES	社区教育和服务项目（Community-Based Education and Service，COBES）	麦克雷雷大学
RPAS	扶贫战略小组（Review of Strategies for Poverty Alleviation，RPAS）	毛里求斯大学
ACCESS	非洲地球科学合作中心（African Collaborative Centre for Earth System Science，ACCESS）	内罗毕大学
ACTS	汽车零部件技术站（Automotive Components Technology Station，ACTS）	纳尔逊·曼德拉城市大学

讨论

我们的分析侧重在于这些项目与外部利益相关者的联系以及加强该机构的学术核心之间的相互作用。根据分析目的，我们将项目中心分为三组（见图3）。

第一组是位于图3右上方象限范围内的组，这表明它们在联系和学术核心轴上均获得了高分。研究中所有八所大学都有此类项目／中心的例子。实际上，这意味着这些项目／中心找到了平衡这两个目标之间的潜在紧张关系的办法，即既与外部利益相关者联系，又有加强本机构的核心知识的活动。一方面，诸如汽车零部件技术站、野口纪念医学研究所、非洲地球科学合作中心和能源、环境和气候改革中心等项目／中心在其目标和目的中反映了具体的国家发展优先事项，有一个及以上的资金来源和促进可持续发展的计划，并与一个或多个执行机构有联系。另一方面，这些项目／中心的工作为培训学生提供了正规的机会，用于教学和课程编制，产生了新的知识和学术出版物，并与国际学术网络建立了联系。

第二组项目／中心是位于图3中间部分的项目／中心，这表明尽管它们在某些方面与外部利益相关者联系在一起，并在某种程度上加强了学术核心，但它们在这两方面都不强。上述选定项目中的例子是以社区为基础的教育和服务项目。

第三组包含最少数量的项目／中心，大部分位于图3的左上方。这些项目／中心往往通过供资机构或执行机构与外部利益相关者建立良好的联系，但它们在学术核心轴上的得分很低，这意味着它们虽然对经济发展做出了贡献，但并没有加强大学的核心知识活动。在上述选定的项目中，有三个例子，包括博茨瓦纳大学商业诊所、中小企业盖茨比俱乐部和扶贫战略小组的短期咨询项目。这些项目都与学术核心脱节了。

我们得到的第一项观察结果是，这些项目／中心被大学领导人选定为其大学对经济发展做出贡献的例子。由于缺乏信息，我们无法确定的是，有多少短期咨询项目以及这些项目与发展目标和加强学术核心之间的联系有多大。在这方面，对样本大学进行深入的个案研究将会非常具有启发性。

第二项观察结果是，在"联系"和"加强学术核心"方面得分很高的项目／中心是世界一流的项目／中心。内罗毕大学的非洲地球科学合作中心是由多方供资的卓越中心，它在《联合国气候变化框架公约》中发挥着重要作用，拥有来自世界各地的研究生和研究员。加纳大学的野口纪念医学研究所由日本政府资助三十年，是领先的生物医学研究和传染病培训中心，也履行着为国家卫生实验室服务的职责。在可持续性方面，两个中心的唯一区别是，NMIMR非常制度化，历任主任均由教员担任，而ACCESS似乎更依赖于特殊的个人。我们的样本项目／中心的问题是，在它们的活动中，与经济发展目标和学术核心都相关的活动还不够多。

研究发现

◎被大学领导认为与发展密切相关的项目／中心往往在"联系"指标方面得分很高，换言之，它们反映了国家优先事项（在较低的程度上是大学目标）有一个及以上的资金来源，在某些情况下，还有促进可持续发展的计划，并可能与执行机构有着联系。

◎其中一些项目／中心还设法与大学的学术核心保持密切联系，而其他项目／中心则几乎完全与这些核心知识活动脱节。

◎每所大学都设有示范发展项目／中心，但问题是其规模根本不够，有些似乎过分依赖特殊的个人。

第三章

八项非洲案例研究的关键发现

在本章中，我们将介绍在2009年、2010年进行的八个国家的和大学的案例研究的主要结果，这些国家和大学包括：

◎博茨瓦纳和博茨瓦纳大学

◎加纳和加纳大学

◎肯尼亚和内罗毕大学

◎毛里求斯和毛里求斯大学

◎莫桑比克和爱德华·蒙德拉内大学

◎南非和纳尔逊·曼德拉城市大学

◎坦桑尼亚和达累斯萨拉姆大学

◎乌干达和麦克雷雷大学

关键研究发现涉及以下问题：

◎各国在宏观高等教育和经济发展的前提下，如何在高等教育和经济发展之间建立有效且高产的关系？这种有效且高产的关系在国际案例研究中已经得到了证实（Pillay，2010b）。

◎主要利益相关者（国家和大学）对高等教育的一般作用，特别是对经济发展有多大的约束？

◎样本中的个别大学是否有能力在以下方面对经济发展做出贡献：（a）其学术核心的特性和优势；（b）与发展有关的活动与学术核心的联系。

本章提到的概念和理论在以下部分有更详细的概述。

第一节　博茨瓦纳和博茨瓦纳大学

一、博茨瓦纳的高等教育和经济发展情况

通过皮莱对三个成功系统的调查（Pillay，2010b），在实现高等教育与经济发展之间富有成效关系的"先决条件"方面，博茨瓦纳表现如何？

中小学教育质量： 在博茨瓦纳，虽然小学和中学的入学率相对较高，但有证据表明，要在中学教育系统中实现普遍高质量的供给和成果，博茨瓦纳还有很长的路要走。还有一些证据表明，在博茨瓦纳的中学教育中，不同阶段的辍学率都很高，所以，在相应的年龄组中，能够接受高等教育的人的比例相对较小。因此，提高教育质量必须是政策制定者的优先事项，以确保建立更成功的高等教育系统。

经济和教育规划： 博茨瓦纳政府编制了许多令人印象深刻的规划文件，包括《博茨瓦纳2016年愿景》和《国家发展计划》。在所有这些方面，如果博茨瓦纳要成为世界全球化和知识经济的参与者，就必须强调教育的作用，特别是高等教育的作用。然而，围绕这两个部分的指示性规划还需要做更多的工作，以确保：

◎高等教育部门能够通过其教育和培训职能取得适当的人力资本成果，并通过其研究和创新职能取得适当的技术成果；

◎经济能够富有成效地利用高等教育的产出，推动该国从目前以初级商品为基础的增长道路走上更高的增长道路。

国家的作用： 博茨瓦纳在高等教育中发挥着强有力的创新作用，特别是在总体资助水平、人力资源规划、促进与私营部门的合作关系（包括与私立高等教育机构的合作关系）以及与新技术大学建立公共或私人合作关系方面。然而，博茨瓦纳需要考虑其有限的财务资源是否正在最大限度地被公平、有效和经济地使用。

在这方面，应考虑在公立院校中实行更广泛的费用分摊。

合作关系： 有证据表明博茨瓦纳与私营部门（例如新技术大学）之间存在合作关系。然而，目前尚不清楚博茨瓦纳在促进研究和创新——促进经济发展的关键因素——方面发挥了何种作用。鉴于博茨瓦纳经济的"幼稚（infant）"特性（钻石产业除外）及其在制成品和服务方面对南非的依赖，政府可能有必要提供激励措施，以刺激在研究和创新方面建立产业与大学的联系。

院校分化： 鉴于博茨瓦纳公立大学的规模很小，因此公立大学的职能分化几乎是不可能的，博茨瓦纳已建立的大学将在广泛的战线上尽可能努力开展教育和培训以及研究和创新工作。然而，还有另外两个分化因素，即公立院校和私立院校之间的分化，以及大学和学院之间的分化。前者的分化很明显，私立院校的入学率正在以更快的速度增长。从接受教育的角度来看，只要高等教育委员会确保提供高质量（或至少具有可比性）的教育就是令人振奋的。然而，对于学院，有传闻证据表明，其质量仍然面临着巨大的挑战。鉴于大约一半的高等教育学生进入了私立院校学习，这对此类院校生产人力资本的能力提出了重大要求，而人力资本又会促进经济的增长和发展。

质量：博茨瓦纳整个高等教育系统的教学质量已经受到了严重的质疑。显然，该国必须做出巨大努力，提高该系统产出的质量，使高等教育在经济发展中发挥更明确的作用。

供资：国家对高等教育的供资符合国际基准。然而，有两个方面存在问题。首先，显而易见的是，表面上通过贷款和赠款相结合向学生提供国家资助的制度可能是无效的（就贷款收回不佳而言）和低能的（在取得预期的研究生成绩方面）。其次，应该考虑通过在公立高等教育机构中更广泛地收取学费来增加费用分摊。

创新：在全球范围内，博茨瓦纳属于既不参与科技创新，又不明显地传播科技创新的发展中国家。创新和传播技术的能力是有形基础设施的质量、公民的教育状况和教育程度、市场的规模和成熟度以及通过贸易和投资融入世界经济的程度的联合产物。

鉴于博茨瓦纳强大的财政状况，有人认为它达到了开发强大的科学技术资质和能力的基本要求。虽然它有资源充足的研究机构来进行有意义的研究，但其产出迄今尚未反映出这种潜力。此外，博茨瓦纳需要更清楚地认识到高等教育机构在创新方面能够和应该发挥的作用。

二、博茨瓦纳高等教育的作用的公约证据

博茨瓦纳对知识、大学在国家和院校政策和计划中的作用的指标评分见表10。

表10　知识和大学在博茨瓦纳发展中的作用

国家评分=4／6			
国家发展规划中的知识经济概念	3强 出现在许多政策文件中	2弱 仅在一项政策文件中提及	1缺失 根本没有提及
高等教育在国家发展政策和规划中的作用	3普遍 在发展政策中明确提及	2弱	1缺失
大学评分=3／6			
院校政策与规划中的知识经济概念	3 战略规划或研究政策战略中有突出强调	2 战略规划或研究政策中有模糊提及	1 根本没有提及
关于大学在经济发展中的作用的院校政策	3 有专门的院校政策	2 嵌入战略规划和研究政策等文件中	1 没有正式的政策

研究发现

◎教育部通过博茨瓦纳高等教育理事会制定了现代化的知识经济政策，但没有在其他部门实行。

◎没有达成广泛一致的意见，即知识和高等教育是经济发展的关键。

◎高等教育理事会和人力资源部的改组表明，人们正逐渐认识到知识经济手段的重要性。

知识和大学在发展中的作用的认知

表11总结了国家和院校利益相关者对高等教育作用的认知，并说明了这一认知是强烈、普遍、仅存在或完全不存在。

接受采访的博茨瓦纳大学利益相关者清楚地认识到，大学的作用正在从传统的个人权力向知识生产方向发展。受访者非常清楚地认识到大学对促进经济发展的作用，至少受访的领导层认可了这一看法。然而，他们没有提到院校促进经济发展的办法，也没有提到大学的自治和独立。博茨瓦纳总体认为大学是很有用的，也有很强的参与性和服务导向性，领导层面也非常注重科研、创新和产业。然而，在面谈中，我们也发现博茨瓦纳执行这一新的发展方向是非常困难的。目前，知识和大学在经济发展中发挥作用更多的是在愿望层面上，很少有实施行动。

博茨瓦纳承认，它在大学内部很少有关于高等教育作用的单一概念，但在访谈以及主要规划和战略文件中都强调，大学必须通过其作为知识机构的作用与国家发展联系起来。知识经济概念与发展工具概念同时出现，但有趣的是，后者是针对政府和企业的，而很少提到与社区的联系，特别是在战略规划中。

这一论述已经偏离了一种更为传统的"辅助"观点，即大学的主要任务是培训公务员和专业人员。目前，更多的讨论是关于在自治的大学中生产人力资源和需要更多地参与社区服务之间。对于大学"引擎"作用的概念的认识显然在深化，特别是在领导层中，但并不十分普遍。

表11 博茨瓦纳国家和大学对高等教育作用的认知比较

概念	国家利益相关者		大学利益相关者	
辅助	○	官方缺失，但经常表达	○	大学是经济发展的关键
自我管理	◎	对于自治的认知模糊	◎	在一些高级学者中存在，但在管理层中不存在
发展议程的工具	☆	觉得大学做得不够	◎	部分员工具有强烈的服务导向
发展引擎	◎	主要出现在一些新的教育政策中	◎	日益重视其重要性

注：☆代表认知强烈；◎代表认知存在；○代表认知缺失。

研究发现

◎就大学在发展中的作用的认知而言，博茨瓦纳国家层面倾向于大学作为"工具"来促进经济发展的看法，在大学里有些相互冲突的认知，但更倾向于大学起"辅助"作用的认知。

◎该国国家和大学没有就大学在经济发展中的作用达成一致意见。令人十分惊讶的是，在大学领导层中，特别是在大学参与创新中心的情况下，没有强有力的发展引擎。

三、博茨瓦纳大学的学术核心

本案例研究报告中对大学学术核心的分析是根据其个别关键指标，按"强""中""弱"的等级进行划分的。评级所依据的数据包含在详细的案例研究报告中。[①]这七个指标及其评分见表12。

表12 博茨瓦纳大学学术核心评级

	指标	等级（强／中／弱）*
1	SET类专业的招生人数和毕业人数	SET招生人数=总招生人数的22%（2001年、2007年）
2	研究生／本科生招生比例 硕士生／博士生招生比例	研究生人数=总招生人数的9%（2007年） 博士生人数=硕、博士生总人数的5%
3	教学工作量：生师比	全时当量学生：教师=17∶1（2007年）
4	有博士学位的科研人员比例	31%的科研人员具有博士学位（2007年）
5	终身学术人员的平均科研经费**	PPP$2000，非常少
6	博士毕业生	2007年博士毕业生人数占终身学术人员人数的0.66%
7	科研论文	研究生产力较差（终生学术人员人均科研论文为0.16篇）；产出与科研人员的比率远低于研究型大学的目标

注：■ 强；▨ 中；□ 弱。

*有关学术核心评级类别的详细说明，请参见附录F。

**博茨瓦纳大学未提供关于研究经费的具体信息，研究经费假定为总经费的1%。

从博茨瓦纳大学的学术核心数据可以得到以下结论：

1. SET类专业招生人数：博茨瓦纳大学SET类专业招生人数从2001年的2600人增加到2007年的3600人。在此期间，SET类专业招生人数的年平均增长率为5.6%，与该大学总招生人数的增长率相同。2007年，SET类专业招生人数比例仍然很低，为总招生人数的22%。而在此期间，博茨瓦纳大学SET类专

---

① 博茨瓦纳和博茨瓦纳大学的案例研究报告见www.chet.org.za。

业的毕业率有所下降。

2. 研究生招生人数：博茨瓦纳大学的研究生招生人数占其总招生人数的比例一直很低。2001年这一比例仅为7%，2007年为9%。然而，该大学的硕士招生人数确实在迅速增长，从2001年的493人增加到2007年的951人。硕士毕业生总人数没有以与入学总人数相同的速度增长，这意味着博茨瓦纳大学可能已经开始遇到硕士毕业率方面的问题。在此期间，博士招生人数仍然很低，2007年为41人，占2007年博茨瓦纳大学总招生人数的0.3%。

3. 教学工作量：2001年至2007年，博茨瓦纳大学全时当量教工总数以全时当量学生年均增长数的半数增长。因此，其全时当量学生人数与全时当量教工人数的比例从2001年的14∶1增加到2007年的17∶1。然而，对于SET类专业学生人数只占总人数22%的大学来说，2007年的生师比可以说是令人满意的。2007年，博茨瓦纳大学教工的教学工作量较合理，即使该大学似乎没有雇用临时或兼职学术人员。

4. 教工资历：2007年，博茨瓦纳大学有31%的终身学术人员的最高学位为博士学位。

5. 研究经费：估计数据显示该大学将无法为其研究活动提供足够的经费。

6. 博士毕业生人数：博茨瓦纳大学博士毕业生人数从2001年的3人增加到2007年的4人，它的情况与爱德华·蒙德拉内大学一样，是样本中博士毕业生数最少的大学之一。博士毕业生与终身学术人员的比率非常低，仅为0.66%，这意味着大学将很难自我产生科研人员。

7. 科研论文：就科研论文而言，博茨瓦纳大学的产出较低。2007年，博茨瓦纳大学终身学术人员的人均科研论文仅为0.16篇，远低于南非研究型大学0.50篇的目标。

在投入指标方面，博茨瓦纳大学有使其学术人员能够支持研究活动的合理教学工作量。然而，问题似乎出在拥有博士学位的工作人员人数比例低、研究生入学率低和科研经费非常低（大学而不是政府正在努力增加科研收入）上。在产出指标方面，SET类专业的毕业率很高，但在知识生产、博士毕业生和科研论文方面很薄弱。

削弱学术核心的因素似乎包括没有奖励知识生产的激励制度、拥有博士学位的工作人员比例低以及科研收入低。要从传统的本科教学型大学转变为能够对知识生产和经济发展做出更大贡献的机构，博茨瓦纳大学显然面临着巨大的挑战。

研究发现

◎在学术核心的知识生产产出指标方面，博茨瓦纳大学似乎不足以对发展做出可持续的贡献。

◎博茨瓦纳大学并没有明显地从以本科为主的教学机构中转变过来。

◎在投入指标方面，博茨瓦纳大学在教职工教学工作量方面得分较高，在教职工资历和研究生招生指标上得分适中。

◎博茨瓦纳大学在SET类专业毕业率方面表现强劲，但在博士毕业生和科研产出方面表现疲软。

◎加强学术核心最严峻的挑战似乎是增加研究经费、提高博士毕业率和科研产出。

四、协调性和连通性

博茨瓦纳的知识政策协调和执行

表13列出了博茨瓦纳国家层面的知识政策协调的评级。尽管博茨瓦纳教育部和议会接受了"知识经济"政策，但教育与经济政策之间的联系仍然薄弱且不系统。教育部的势单力薄（显然有待通过高等教育理事会增强其力量）导致了政策、资源配置和激励措施执行不力。高等教育的资助没有得到第三方收入的有力补充，因此资助资金具有不可预测性。协调和建立共识似乎也很脆弱，缺乏促进协调的正式机构，联系网络是政治网络，而不是促进富有成效的合作的网络。

除了财务压力外，通过合并三个公共部门机构而成立人力资源开发理事会，是为了改善人力资源的规划、政策协调、监督和服务供给。

表13 博茨瓦纳国家层面的知识政策协调

国家评分=3/9			
经济发展与高等教育规划相互联系	3系统联系 由高级部长领导的正规机构	2零星联系 集群/论坛	1微弱联系 临时会议
大学与国家机构之间存在联系	3 具体协调机制或机构	2 有一些正规机构，但没有从事有意义的协调	1 没有机构，有政治网络但不是专业网络
参与高等教育的政府机构的协调和共识建设	3 高等教育被纳入政府主流部门	2 与无效论坛的间歇性互动	1 高等教育问题主要局限于一个部委或厅局

研究发现

◎在国家层面，博茨瓦纳似乎有许多非正式的互动，但很少有制度化的协调过程。

◎虽然博茨瓦纳政府官员与博茨瓦纳大学的某些领导人之间存在着相当大的个人网络，但不清楚这是否有助于强化该机构或部门的职能。

表14总结了国家和大学两个层面执行知识政策和活动的指标的评级。

表14 博茨瓦纳知识政策和活动的实施情况

国家评分=8/12			
高等教育主管部门的作用	3 有能力做出可预测资源配置的有组织的部门	2 有些管理工具和职能部门	1 微弱的能力，不能配置资源
使高等教育向促进经济发展转变的职能实施	3强 手段，例如：资助、激励大学/个人的具体项目	2弱 特殊项目的临时拨款	1缺失 没有特殊的激励资助
大学收入来源的差额/比例	3 政府拨款、学费和第三方收入	2 主要是政府拨款和学费	1 主要是政府拨款和外来资助

续　表

国家评分=8／12			
资助的可持续性	3 以所有相关行为者商定的标准为基础的稳定、透明的公共筹资机制	2 资金分配多少是可预测的，但不考虑长期规划，也不奖励进取行为	1 政府没有明确的资金或激励措施

大学评分=10／18			
与经济发展有关的具体单位、供资或岗位	3 具体的单位、供资或岗位	2 单位或岗位的经济发展举措	1 主要是由工作人员发起的临时行动
与发展有关的活动的奖励和激励	3 激励措施有利于晋升	2 有一些信号，但主要是言辞上的	1 没有提及
与劳动力市场有关的教学项目	3 与经济高度相关的专业的招生目标	2 针对具体产业需求的一些项目	1 没有与劳动力市场挂钩的新项目
将学生与经济发展联系起来的具体项目	3 创业、基于工作的学习和／或主流化的学生孵化器	2 特设项目	1 没有具体项目
越来越注重经济发展的研究活动	3 研究政策、战略注重经济发展	2 某些研究计划注重经济发展	1 特设项目资助
政府和大学的科研经费水平	3 高	2 中等	1 低

研究发现

◎博茨瓦纳国家层面的弱点之一是执行问题，它对教育部和高等教育理事会的作用的认识仍然存在分歧。

◎尽管博茨瓦纳大学确实有与经济发展有关的机构和具体方案将其与经济发展倡议联系起来，但问题是，在许多情况下这些倡议是由个人推动的，而不是制度化的。此外，这些具体的实施工作需要更好地联系起来。

◎博茨瓦纳大学在预算紧张的情况下，努力加强与发展活动有关的研究。然而，除了传统的学术晋升制度之外，与经济发展有关的研究并没有得到资助。

博茨瓦纳大学与外部利益相关者和学术核心的联系

博茨瓦纳大学制定了新的参与战略，明确打算与政府、社区和工业界建立联系。除此之外，它还打算为科研的商业化和经济发展创造便利的环境，增加更多的就业机会，并为社区做出可持续的贡献，使人们从改进后的文化产品中受益。具体策略包括：

◎提高知识和技术转化（包括咨询、合同研究、专用设备和设施租赁）；

◎促进学生就业并提高其与劳动力市场的关联性；

◎加入博茨瓦纳创新中心；

◎建立企业发展中心，并设立了大学企业机构，为商业、工业和技术发展提供支持，以创造第三方收入；

◎扩大医疗项目和科研规模。

尽管博茨瓦纳大学似乎有与政府互动的历史，但一些受访人对这种关系表达了某种悲观的看法。这方面的例子包括：两者之间缺乏沟通与合作；政府对大学持负面看法；政府更愿意利用外部顾问而不是大学的专门部门。尽管即将呈现一些发展趋势，例如博茨瓦纳创新中心，如果能够运作，将有助于加强这些联系，但中心很少提到与工业界的联系。同时，既没有真正鼓励学术界参与与发展有关的工作，不管是政府还是工业界的，也没有具体协调内部和外部利益的单位。

关于与经济发展有关的活动与学术核心的联系，图4列出了适用于四个项目／中心的"联系"和"学术核心"评级。

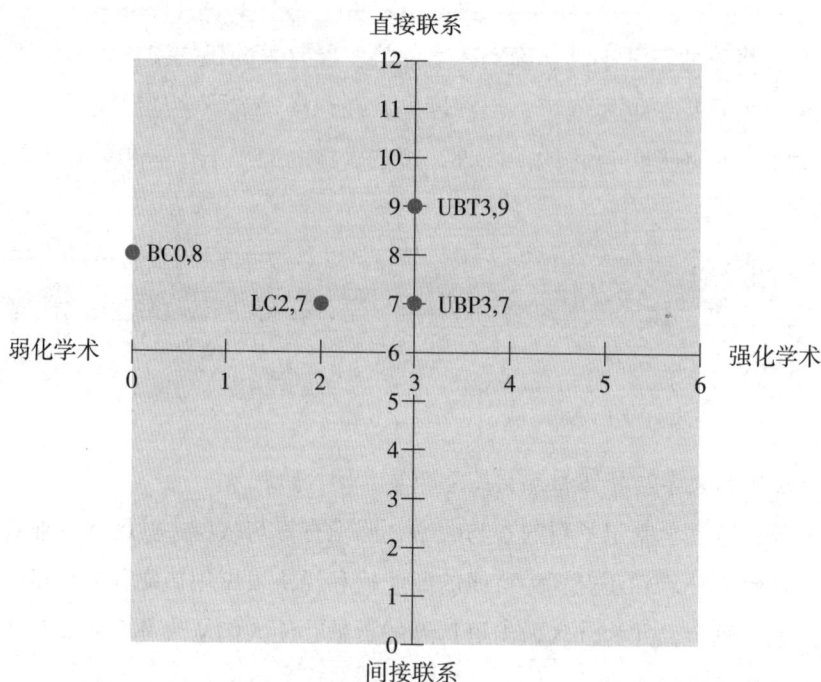

图4 博茨瓦纳大学发展项目／中心图解

注：

缩写	项目／中心
BC	博茨瓦纳大学商业诊所（UB Bussiness Clinic）
LC	博茨瓦纳大学法学临床中心（University of Botswana Legal Clinic）
UBT	博茨瓦纳大学／特罗姆瑟大学桑合作项目／Basarwa研究能力建设中心（University of Botswana / Tromsø Collaborative Programme for San / Basarwa Research and Capacity Building）
UBP	博茨瓦纳大学-宾夕法尼亚州立大学HIV／艾滋病研究中心（University of Botswana–Pennsylvania State University HIV / Aids Study）

研究发现

◎该大学试图通过拟议中的创新中心等途径与经济发展挂钩，但这些中心似乎还没有进展。

◎被大学领导认为与经济发展密切相关的项目／中心往往在阐述指标方面得分很高，换言之，它们反映了国家优先事项（以及大学目标中的一小部分）有一个及以上的资金来源，在某些情况下，还有促进可持续发展的计划，并可能与执行机构存在联系。

◎然而，这些项目／中心都没有与大学的学术核心保持紧密的联系。

五、博茨瓦纳和博茨瓦纳大学案例研究的概括评述

博茨瓦纳是一个国内生产总值（GDP）很高的小国家，但同时也是一个不平等指数很高的国家，这意味着它是"滴漏式（trickle-down）"发展国家。它的发展方针过分依赖自然资源，但人们日益认识到"钻石并非恒久远"，因此，国家转向了重视人力资本。博茨瓦纳人有机会接受教育，按国际标准衡量，它的高等教育入学率相对较低（尽管在南部非洲区域内很高），但正在增长。国家拨款相对较高，但仅是针对精英阶层。

在国家层面，政府接受高等教育理事会提出的建议，承认人力资源而不是自然资源作为未来发展动力的重要性，这是非常重要的一步。然而，从上述评级可以看出，政策没有反映这一点，高等教育也不一定被视为重要因素。

对知识作为发展基础的承诺是适度的，人们的认识不断提高，但资源尚未发生重大变化。博茨瓦纳的高等教育系统满足知识经济发展需求的能力可以说很差，研究和创新能力也很差。然而，随着新的科技大学和计划中的创新中心的出现，人们越来越强调向知识经济和高技能方向迈进。但该国尚未在大学或创新方面进行足够的投资，也没有为伙伴关系提供适当的激励措施。

在研究时，教育和经济规划之间还没有有效的联系，也没有跨部门接受知识经济的方法。协调结构脆弱或无系统，网络的政治性大于"生产性"。

影响博茨瓦纳大学促进经济发展能力的因素是什么？

在投入指标方面，该大学的教师工作量指标较为有利，并且拥有博士学位的科研人员比例是可观的。在产出指标方面，例如科研论文和博士毕业生的产出，与南非的研究型大学相比，博茨瓦纳大学的表现较差。削弱学术核心的关

键因素似乎是：（a）研究生比例低；（b）博士研究生数量少；（c）科研论文的产出低。一个积极的发展点是，该大学的学生招生人数没有迅速增加，这将使它能够巩固其提供的方案，并着手增加SET类专业的招生人数。

在"联系"方面，从政府角度来看，无论是在财政上还是在互动方面，博茨瓦纳政府似乎都没有提供足够的支持来帮助博茨瓦纳大学从更传统的本科教学向加强研究生课程和产生新的知识方向转变。参与战略和创新中心无疑是朝着正确的方向发展，但这些需要更多的实施支持。

正如上文学术核心摘要所反映的那样，在博茨瓦纳大学内部，在新的发展道路上成为技能型、研究型和创新型伙伴与驱动者的新构想还未达成共识。政府和大学在做出艰难的资源配置决定时都遇到了问题，这意味着公约不够强大，不足以做出受欢迎的权衡，导致几乎没有真正地重新分配资源来实现新构想。

第二节　加纳和加纳大学

一、加纳高等教育和经济发展背景

通过皮莱对三个成功系统的调查（Pillay，2010b），加纳在实现高等教育与经济发展之间有效和高产的关系的先决条件方面取得了哪些进展？

中小学教育质量： 在撒哈拉以南的非洲，小学和中学的入学率相对较高。2006年，加纳初等教育毛入学率为98%，净入学率为72%。然而，这远远不能使该国实现初等教育的普及。加纳中学入学率令人振奋，大大高于撒哈拉以南非洲国家的平均水平。2006年，加纳中等教育毛入学率为49%，净入学率为45%（UNESCO，2009）。撒哈拉以南非洲国家的相应平均值为32%和25%。加纳的高等教育毛入学率和净入学率接近发展中国家的平均值（分别为60%和53%）。此外，有证据表明，加纳学校教育系统相对有效，质量相当好。例如，2006年小学最后一年级的在读率为76%（撒哈拉以南非洲国家平均为67%，发展中国家为81%）（来源同上）。此外，加纳在全球创新指数的某些教育指标方面的排名相对较高，如教育机构的质量排名在第68位，全球创新指数的总排名在第108位，教育系统质量的排名在第73位（欧洲工商管理学院，2010）。所有这一切都表明，尽管入学和公平问题仍然是教育体系中的紧迫挑战，但加纳确实有规模小但不断发展的优质教育基础，可在此基础上建立质量更好的高等教育体系。

经济和教育规划：加纳建立了重要的体制机制，即国家发展计划委员会。然而，几乎没有证据表明它将经济规划与教育规划联系了起来。我们顶多能说，加纳在某种程度上对包括教育在内的人力资源开发等贯穿各领域的问题都做出了承诺，并认识到教育对经济增长的重要性。

国家的作用：国家在筹资以及鼓励私营部门提供高等教育方面发挥着重要作用。然而，国家的政策文件没有明确阐述高等教育在经济发展中的作用，或高等教育在促进知识经济发展中的作用。

合作关系：总的来说，没有证据表明国家、大学和私营部门之间存在合作关系。

大学分化：有证据表明加纳的大学与大学之间（例如加纳大学与夸梅·恩克鲁玛科技大学）以及整个高等教育系统内部（大学与理工学院）存在显著差异。

质量：尽管世界经济论坛的全球竞争力指数显示情况并非如此，但有证据表明加纳的教育质量相对较好。

资助：国家对高等教育的资助相对较多。国家还鼓励向学生（通过学生贷款）和院校（通过鼓励内部资助）提供多样化的资金。

创新：在研究时，加纳没有对大学或私营部门进行足够的投资，也没有为这些群体之间的伙伴关系提供适当的奖励。

二、加纳高等教育的作用的公约证据

加纳对知识、大学在国家和大学政策和规划中的作用的指标评级见表15。

在国家层面，加纳更多采用的似乎是为经济和减贫提供人力资源的传统方法。知识经济和研究创新只是偶尔被提及。这种缺失反映在国家政策、资源重新分配和激励措施上。

在大学层面，大学的定义出人意料的传统——"教学、科研和推广服务"。虽然从评级中可以看出，这是以发展为导向的（为提高人民生活水平做出更切合实际的贡献），但没有知识经济的论述，也没有在政策、结构或激励措施中反映这种发展导向。在未区分的教学—科研—服务的论述中，大学仍然关注学术优先权（核心）。

表15　知识和大学在加纳发展中的作用

国家评分=3／6		
国家发展规划中的知识经济概念	3强 出现在许多政策文件中	2弱 仅在一项政策文件中提及	1缺失 根本没有提及
高等教育在国家发展政策和规划中的作用	3普遍 在发展政策中明确提及	2弱	1缺失
大学评分=2／6		
院校政策与规划中的知识经济概念	3 战略规划或研究政策战略中有突出强调	2 战略规划或研究政策中有模糊提及	1 根本没有提及
关于大学在经济发展中的作用的院校政策	3 有专门的院校政策	2 嵌入战略规划和研究政策等文件中	1 没有正式的政策

研究发现

◎国家和大学两级只零星提到知识经济，没有就发展模式和高等教育在发展中的作用达成协议。

◎没有对知识和高等教育是发展的关键达成广泛一致的意见。

知识和大学在发展中的作用的认知

表16总结了国家和大学利益相关者对高等教育作用的认知，并说明了这种认知是强烈、普遍、仅存在或完全不存在。

在本研究进行期间（2009年初以及2010年），加纳似乎仍然残留着大学只是起到传统辅助作用的观念，即高等教育必须产生个人权力。此外，尽管与会者一致认为，大学是在国家发展、培养高级官员和教授科学知识方面十分重要的机构，但也有人认为其没有必要在国家经济发展中发挥直接作用。虽然人们日益认识到生产新知识和高端技术是经济发展的驱动因素，但它尚未在政府和院校的系列政策中付诸实施。

表16　加纳国家和大学对高等教育作用的认知比较

概念	国家利益相关者		大学利益相关者	
辅助	☆	对高等教育在经济发展中的作用的认知模糊	◎	仍然存在，尽管意识到需要发展导向
自我管理	◎	强烈期望产生人力资本	☆	在教学研究服务方向中存在很多
发展议程的工具	○	政府希望更多地利用大学的专门知识	○	主要为捐助者和政府提供咨询
发展引擎	◎	意识不强	○	令人吃惊的是在大学的话语和政策中缺失

注：☆代表强认知；◎代表认知存在；○代表认知缺失。

研究发现

◎关于大学在发展中的作用的认知，在国家层面，大学的作用相当含糊，而大学层面则强烈地倾向于自治。

◎国家和大学两级都没有就大学在经济发展中的作用达成一致意见。令人非常惊讶的是，大学领导对知识经济手段的支持率非常之低。

三、加纳大学的学术核心

本案例研究报告对大学学术核心的分析是根据七项关键指标的评级进行的。评级所依据的数据包含在详细的案例研究报告中。[①]这七项指标及其评级

---

① 加纳和加纳大学的案例研究报告见www.chet.org.za。

见表17。

表17 加纳大学学术核心评级

	指标	等级（强／中／弱）*
1	SET类专业的招生人数和毕业人数	SET类专业招生人数占比为17%，预计只有 60% 的SET类专业学生能如期毕业
2	研究生／本科生招生比例 硕士生／博士生招生比例	研究生人数比例从2001年的12%下降到2007年 的6%。硕士与博士招生人数比例为16：1
3	教学工作量：生师比	2007年生师比为26：1，SET类专业的生师比尤 其好
4	有博士学位的科研人员的比例	47%的终身学术人员具有博士学位（2007年）， 42%的人员仅有硕士学位
5	终身学术人员的平均科研经费**	PPP$3400，非常少
6	博士毕业生	2007年博士毕业生人数占终身学术人员人数的 0.17%
7	科研论文	2007年，终身学术人员的人均科研论文为0.13篇

注：■ 强；▨ 中；□ 弱。

*有关学术核心评级类别的详细说明，请参见附录F。

**加纳大学未提供关于研究经费的具体信息，我们假定研究经费为总经费的3%。

从加纳大学的学术核心数据，我们得到以下观察结果：

1. SET类专业招生人数：大学的招生人数从2001年的3200人增加到2007 年的4500人，年平均增长率为5.8%。由于这一时期所有专业人数的年平均增 长率为10.8%，SET类专业学生人数的比例从2001年的22%下降到2007年的 17%。尽管加纳大学同期招生人数缓慢增长，但SET类专业的招生人数反而下 降了。此外，只有大约60%的SET类专业学生有望拿到学位和学历。

2. 研究生招生人数：该大学研究生占其总招生人数的比例从2001年的 12%下降到2007年的6%。这是因为在研究生入学率以低于1%的年均增长速度 增长时，本科入学人数在迅速增加。硕士招生人数由2001年的1344人增长到 2007年的1580人，年均增长为2.7%。硕士毕业生人数只增长了招生总人数的 一半，但硕士毕业率令人满意。博士招生人数从2001年的69人增加到2007年的102人，但仍只占硕、博士总招生人数的6%。这意味着硕士毕业生进入博士学习的人数可能不够多，不足以维持强有力的研究活动。在此期间，博士毕业率仍然很低。

3. 教学工作量：2001年至2007年，加纳大学的全时当量教工数量以全时当量学生年增长率的1/3左右增长。全时当量学生与全时当量教工的平均比例从2001年的16∶1上升到2007年的26∶1。按照南非的标准，其SET类专业的生师比和人文及教育类专业的生师比仍然是可观的。与许多其他大学一样，其2007年的商业、管理类专业的生师比高达47∶1，令人无法接受。可以得出的结论是，2007年，加纳大学教工的教学工作量可能使他们在一定程度上难以从事科研活动，包括对研究生的指导。

4. 教工资历：2007年，加纳大学47%的终身学术人员的最高学位为博士学位。值得注意的是，2007年有330名（占总人数的42%）终身学术人员获得硕士学位，作为其最高学位。这些人员可被纳入学校的博士项目，并以这种方式支持大学的研究活动。

5. 研究经费：据计算的估计数表明，大学研究经费可能不足以维持强有力的研究活动。

6. 博士毕业生：加纳博士毕业生从2001年的9人增加到2007年的11人，增长了22%，但基数很低。一个非常积极的发展点是，博士入学率也在同一时期翻了一番。然而，博士毕业生与终身学术人员的比率很低，只有0.17%，这意味着加纳大学很难自我培养师资队伍。

7. 科研论文：就科研论文而言，大学的产出较低。其2007年的终身学术人员人均出版物为0.13篇，远低于南非研究型大学0.50篇的目标。

在投入指标方面，加纳大学学术人员的教学工作量使其能够支持研究活动。它还拥有令人满意的拥有博士学位的学术人员比例，并有一批拥有硕士学位的工作人员，应该鼓励他们作为博士生加入研究项目。在产出指标方面，如科研论文和博士毕业生的产出，该大学的表现较差。削弱学术核心的关键因素似乎是：（a）SET类专业学生人数比例低且不断下降；（b）人文和教育专业招生人数迅速增加；（c）硕士和博士研究生比例低；（d）博士毕业生产出低；（e）科研经费短缺；（f）科研论文产出差。加纳大学的积极的发展点是其硕士入学率正在增长，并且毕业率有保障。提高研究产出对获得硕士学位的员工和其他人来说可能很重要。

研究发现

◎学术核心的知识生产产出指标似乎不足以使加纳大学对经济发展做出可持续的贡献。

◎这所大学并没有明显地从以本科为主的教学机构中转变过来。

◎在投入指标方面，加纳大学在员工教学工作量、教员资历和研究生入学率方面得分中等。

◎加纳大学在SET类专业学生毕业率、博士毕业生和科研论文三个产出指标上得分都很低。

◎加强学术核心最严峻的挑战似乎是增加研究经费、提高博士毕业率和科研产出。

四、协调性和连通性

加纳的知识政策协调和执行

表18列出了加纳国家层面知识政策协调的评级。不同部门和不同政策之间很少有正式的联系和协调。加纳在发展适当的院校机制方面取得了重大进展（例如，教育部门的国家高等教育理事会及财政和经济规划部的国家发展规划委员会）。然而，加纳在协调诸如高等教育和经济发展贯穿各领域的问题的执行方面没有做出多少努力。虽然个别学术机构和单位与特定部委之间存在许多非正式联系，但没有任何正式机构将大学与政府联系起来。

表18　加纳国家层面的知识政策协调

国家评分=3／9		
经济发展与高等教育规划相互联系	3系统联系由高级部长领导的正规机构	2零星联系集群／论坛	1微弱联系临时会议

续　表

国家评分=3／9			
大学与国家机构之间存在联系	3 具体协调机制或机构	2 有一些正规机构，但没有从事有意义的协调	1 **没有机构，有政治网络但不是专业网络**
参与高等教育的政府机构的协调和共识建设	3 高等教育被纳入政府主流部门	2 与无效论坛的间歇性互动	1 高等教育问题主要局限于一个部委或厅局

研究发现

◎国家层面似乎有许多非正式的互动，但很少有制度化的进程。

◎虽然政府官员和特定的大学领导人之间存在着相当大的个人网络，但不清楚这是否有助于加强该大学或该部门的职能。

表19总结了国家层面和大学层面执行知识政策和活动的指标的评级。

表19　加纳知识政策和活动的执行情况

国家评分=8／12			
高等教育主管部门的作用	3 有能力做出可预测资源配置的有组织的部门	2 有些管理工具和职能部门	1 微弱的能力，不能配置资源
使高等教育向促进经济发展转变的职能实施	3强 手段，例如：资助、激励大学／个人的具体项目	2弱 特殊项目的临时拨款	1缺失 没有特殊的激励资助
大学收入来源的差额／比例	3 政府拨款、学费和第三方收入	2 主要是政府拨款和学费	1 主要是政府拨款和外来资助
资助的可持续性	以所有相关行为者商定的标准为基础的稳定、透明的公共筹资机制	2 资金分配多少是可预测的，但不考虑长期规划，也不奖励进取行为	政府没有明确的资金或激励措施

续　表

大学评分=8／18			
与经济发展有关的具体单位、供资或岗位	3 具体的单位、供资或岗位	2 单位或岗位的经济发展举措	1 主要是由工作人员发起的临时行动
与发展有关的活动的奖励和激励	3 激励措施有利于晋升	2 有一些信号，但主要是言辞上的	1 没有提及
与劳动力市场有关的教学项目	3 与经济高度相关的专业的招生目标	2 针对具体产业需求的一些项目	1 没有与劳动力市场挂钩的新项目
将学生与经济发展联系起来的具体项目	3 创业、基于工作的学习和／或主流化的学生孵化器	2 特设项目	1 没有具体项目
越来越注重经济发展的研究活动	3 研究政策、战略注重经济发展	2 某些研究计划注重经济发展	1 特设项目资助
政府和大学的科研经费水平	3 高	2 中等	1 低

研究发现

◎在国家层面，加纳的弱点之一是执行，但其国家高等教育理事会的作用正在加强。

◎尽管加纳大学确实有与发展有关的机构和特别方案，将其与发展倡议联系起来，但问题是，在许多情况下，这些倡议是由个人推动的，而不是制度化的。此外，这些特别的执行工作需要更多的相互联系。

◎加纳大学在预算紧张的情况下，试图增强与发展活动有关的研究，但除了传统的学术促进制度以外，与发展有关的研究并没有得到显著的奖励。

加纳大学与外部利益相关者和学术核心的联系

加纳大学很少有协调政府和捐助者的议程。最常见的做法是由外部资金来源方和单个研究人员直接签订合同。受访者提到,如果不在外国捐助者的议程上,就很难筹集资金来处理国家关注的医疗问题。还有受访者提到了捐助方和国家优先事项之间的紧张关系,以及传统的学术评估形式。

大学与政府和工业界之间的联系似乎更多是在单个学者和院系层面,而不是在大学层面。而且,大学和政府之间的互动似乎是非常不正式和特别的,而不是正式的、有组织的互动。

关于与经济发展有关的活动与学术核心的联系,图5列出了适用于六个项目／中心的"联系"和"学术核心"评级。

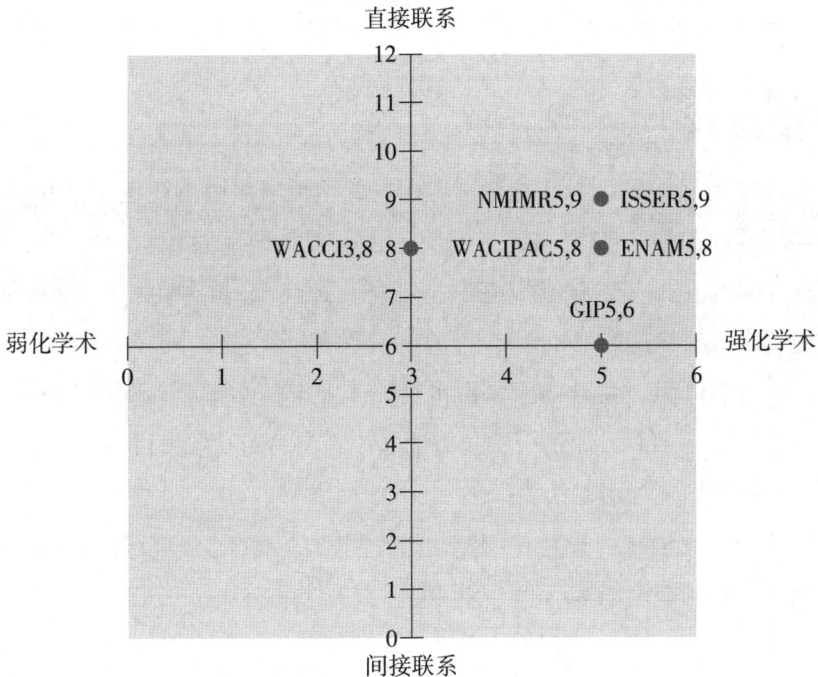

图5 加纳大学发展项目／中心图解

注：

缩写	项目／中心
GIP	盖茨研究所人口、家庭和生殖健康合作伙伴项目（Gates Institute Partnership Project for Population，Family and Reproductive Health）
NMIMR	野口纪念医学研究所（Noguchi Memorial Institute for Medical Research）
WACCI	西非作物改良中心（West Africa Centre for Crop Improvement）
WACIPAC	西非国际寄生虫控制中心（West African Centre for International Parasite Control）
ENAM	动物源性食品管理儿童营养促进项目（Enhancing Child Nutrition Through Animal Source Food Management）
ISSER	社会和经济统计研究所（Institute of Statistical Social and Economic Research）

研究发现

◎被大学领导认为与发展密切相关的项目／中心往往在"联系"指标方面得分很高，换言之，它们反映了国家优先事项（或者院校目标）有一个及以上的资金来源，在某些情况下还有促进可持续发展的计划，并可能与执行机构有联系。

◎这些项目／中心中大多数也设法与大学的学术核心保持牢固的联系。在样本大学中，加纳大学在与学术核心有关的发展项目中得分最高，并与国家优先事项密切相关。

◎加纳大学有一些具有示范性的发展项目／中心。问题是这些发展项目／中心的规模根本不够，有些似乎过分依赖特殊的个人。

五、加纳和加纳大学案例研究的概括评述

加纳是中高速增长的国家，在我们的样本中，它的国内生产总值和人类发展指数之间的差距在八个国家中是最小的（见附录A）。然而，尽管它对减少赤贫产生了重大影响，但这并没有促使更广泛的经济发展。

加纳的高等教育格局正在分化，入学率正在上升，特别是在非洲范围内。在加纳的政府和大学中，人们似乎更倾向于以传统方式为经济和减贫提供人力资源，知识经济和研究创新只是偶尔被提及。一个积极的方面是新的国家科学、技术和创新政策，该政策指出加纳的雄心是成为一个中等收入国家。这就需要制定发展愿景，将科学、技术和创新充分应用并纳入国家发展战略，以充分利用国家的全部科学技术能力，实现减贫、企业竞争力、可持续环境管理和工业增长的国家目标。

但是，这种意图并不存在于各个策略或资源重新配置中。此外，激励措施的改变以及正在发展的联系和协调尚未正式确定。在大学内部，关于大学作用的叙述出人意料地侧重于传统的教学、研究和推广服务。加纳既没有强有力的知识经济论述，也没有在政策、机构或激励中反映这种发展方向。

最后，政府和大学似乎都没有就大学在发展中的作用达成一致意见。

第三节　肯尼亚和内罗毕大学

一、肯尼亚高等教育和经济发展背景

通过皮莱对三个成功系统的调查（Pillay，2010b），肯尼亚在实现高等教育与经济发展之间有效和高产的关系的先决条件方面取得了哪些成就？

中小学教育质量：肯尼亚小学和中学的入学率相对较低。初等教育的净入学率从1999年的63%显著增加到2006年的75%，但肯尼亚仍然远远没有普及初等教育。与大多数非洲国家相比，肯尼亚中等教育入学率较高。2006年，肯尼亚中等教育毛入学率为50%，净入学率为42%（UNESCO，2009）。撒哈拉以南非洲的相应平均值分别为32%和25%，发展中国家分别为60%和53%。全球竞争力和全球创新指数（Global Innovation Index）报告都对肯尼亚的教育质量给予了好评。2006年，小学最后一年级的在读率为84%（撒哈拉以南非洲国家平均为67%，发展中国家为81%）。此外，小学的平均留级率低于6%（来源同上）。

经济和教育规划：人们承认教育与经济发展之间的联系，但几乎没有努力在政府中制定适当的政策和必要的院校机制，以便更密切地协调教育和经济政策。

国家的作用：国家在筹资方面发挥着重要作用，以及鼓励私营部门提供高等教育。国家政策文件突出了高等教育在发展中的作用以及科学和技术的作用。

合作关系：总的来说，肯尼亚没有证据表明国家、大学和私营部门之间存在合作关系。

院校分化：肯尼亚高等教育体制发生了实质性的分化，高等院校、理工院校、师范院校和其他院校相继出现。在大学系统内，所有渴望成为教学和研究机构的院校的差异均较小，医学院等高成本院系出现了大量重复。

质量：肯尼亚高等教育系统存在着一些高质量的院校，特别是内罗毕大学。然而，高质量需要成为肯尼亚高等教育系统的更广泛的特点。

资助：鉴于需求程度以及增加教育机会和增进公平的必要性，肯尼亚国家层面对高等教育的绝对资助很少。

创新：肯尼亚在全球创新指数中排名相对较前，特别是在"创新投入"方面。因此，它具备创新和参与知识经济的基本要素，但该国在研究时似乎没有能力将其转化为适当的投入。然而，它在创新和知识经济前景方面有两个令人鼓舞的特点，首先是高等教育和科学技术合并为一个部门，其次是为确定科学和技术在经济发展中的作用而拟定的政策建议。

二、肯尼亚高等教育的作用的公约证据

肯尼亚对知识、大学在国家和院校政策和计划中的作用的指标评级见表20。

在国家层面，肯尼亚正在通过诸如《肯尼亚2030年愿景》等重要倡议，以及设立高等教育、科学和技术部，朝着知识型经济的方向前进。《肯尼亚2030愿景》还主张在优质教育、培训和研究的基础上培养具有全球竞争力和适应性的人才。然而，有限的证据表明，这一设想已被广泛接受，但是正如一位受访者所指出的那样，这些倡议没有概述大学的具体作用。此外，负责高等教育的

教育部只是指导该系统，仅能在某种程度上预测资金分配，而且没有特别的激励措施来引导该系统朝着新的愿景方向发展，其优势是具有多种资金来源的差异化制度。与南非在总统办公室中进行政策协调但失败的尝试不同，肯尼亚的政策协调是在部门之间以及大学与大学之间断断续续进行的。

内罗毕大学的战略规划提到了知识经济和大学在经济发展中的作用，但这些提法比前一个战略规划中指出的作用要弱。战略规划将教学作为大学的核心业务，而创新与研发作为大学必须解决的问题。尽管一些高级大学领导人以不同的方式表示，研究是大学区别于其他高等教育机构的主要活动，但用一些受访者的话说，政府和大学对研究的支持都是微不足道的。此外，国家科学和技术委员会与高等教育理事会在研究时，都没有在筹集重大研究经费方面发挥很大作用。令人吃惊的是，尽管对高级技能培训和劳动力市场相关性做出了政策承诺，但把学者和学生与劳动力市场联系起来的方案大多是临时性的，而不是制度化的。

表20 知识和大学在肯尼亚发展中的作用

国家评分=6／6			
国家发展规划中的知识经济概念	3强 出现在许多政策文件中	2弱 仅在一项政策文件中提及	1缺失 根本没有提及
高等教育在国家发展政策和规划中的作用	3普遍 在发展政策中明确提及	2弱	1缺失
大学评分=4／6			
院校政策与规划中的知识经济概念	3 战略规划或研究政策战略中有突出强调	2 战略规划或研究政策中有模糊提及	1 根本没有提及
关于大学在经济发展中的作用的院校政策	3 有专门的院校政策	2 嵌入战略规划和研究政策等文件中	1 没有正式的政策

研究发现

◎肯尼亚某些政府部门对知识经济给予了高度重视。然而，尽管有
《肯尼亚2030年愿景》，但政府部门对发展模式和高等教育在经济发展中
的作用缺乏明确和一致的认识（公约）。

◎没有达成广泛的一致意见，即知识和高等教育是发展的关键。

◎部门的改组表明，人们日益认识到知识经济方法的重要性，政府
层面的意识可能比大学层面的意识更弱。

对知识和大学在经济发展中的作用的认知

表21总结了国家和大学利益相关者对高等教育作用的认知，并说明了这一
认知是强烈、普遍、仅存在或完全不存在。

尽管人们普遍支持高等教育促进经济发展的概念，但《肯尼亚2030年愿
景》和《大学战略规划》都没有就如何实现这一目标提出明确的设想或想法。
有趣的是，尽管政府已经转向更加注重研究和创新的政策，但大学已经在某种
程度上远离了它。主要的立场似乎是在对社区和工业发展做出更直接的工具主
义贡献和更传统的自治办法之间，它强调教学和学习，而不是研究。对政府和
大学来说，经济发展引擎模式仍然主要是象征性的政策。

表21　肯尼亚国家和大学对高等教育作用的认知比较

概念	国家利益相关者		大学利益相关者	
辅助	○	强烈地感觉到大学必须参与其中	○	广泛支持《肯尼亚2030年愿景》
自我管理	◎	大学对发展很重要，但作用不明确	☆	在教学和咨询中摇摆不定
发展议程的工具	◎	期望大学能为解决社会和健康问题做出更直接的贡献	☆	对学术界充满信心
发展引擎	☆	强烈反映在未来的愿景中，但不体现在资源的重新配置上	◎	善于言辞，但似乎犹豫不决

注：☆代表认知强烈；◎代表认知存在；○代表认知缺失。

> **研究发现**
>
> ◎肯尼亚在国家层面倾向于经济发展引擎手段和更直接的工具手段，而在大学层面，工具手段和自治手段之间有更传统的分界线。
>
> ◎肯尼亚在国家层面和大学层面都没有就大学在发展中的作用达成一致意见。令人非常惊讶的是，大学领导对知识经济手段的支持率非常之低。

三、内罗毕大学的学术核心

本案例研究报告中对大学学术核心的分析是根据七个关键指标的评级进行的。评级所依据的数据包含在详细的案例研究报告中。[1]这七个指标及其评级见表22。

表22　内罗毕大学学术核心评级

	指标	等级（强／中／弱）*
1	SET类专业的招生人数和毕业人数	2007年SET类专业招生人数占比为31%，预计只有50%的SET类专业学生能如期毕业
2	研究生／本科生招生比例 硕士生／博士生招生比例	研究生比例从2001年的20%下降到2007年的16%。硕士与博士招生人数比例为21：1
3	教学工作量：生师比	2007年生师比为18：1，SET类专业的生师比为9：1
4	有博士学位的科研人员的比例	71%的终身学术人员具有博士学位
5	终身学术人员的平均科研经费**	PPP$5300，非常少
6	博士毕业生	2007年博士毕业生人数占终身学术人员人数的2.5%

---

① 肯尼亚和内罗毕大学的案例研究报告见 www.chet.org.za。

续　表

	指标	等级（强／中／弱）*
7	科研论文	2007年，终身学术人员的人均科研论文为0.11篇

注：■ 强；▨ 中；□ 弱。

*有关学术核心评级类别的详细说明，请参见附录F。

**内罗毕大学未提供关于研究经费的具体信息，我们假定研究经费为总经费的3%。

关于内罗毕大学的学术核心数据，我们提出以下意见：

1. SET类专业招生人数：内罗毕大学SET类专业招生人数从2001年的7600人增加到2007年的12300人，年平均增长率为8.4%。SET类专业的招生人数比例从2001年的33%下降到2007年的31%。2001年至2007年，SET类专业的毕业率很低，只有50%的SET类专业学生有望获得学位和学历。

2. 研究生招生人数：大学总招生人数中研究生的招生人数占比从2001年的20%下降到2007年的16%，主要原因是本科生入学率的快速增长。硕士招生人数由2001年的3937人增长到2007年的6145人，年均增长率达10.4%。然而，博士招生人数从2001年的190人下降到2007年的62人，这意味着内罗毕大学增加的硕士毕业生并没有进入博士阶段学习。

3. 教学工作量：2001年至2007年间，内罗毕大学全时当量教职工总数以年均1%的速度增长，而全时当量学生以近8%的年均速度增长。因此，全时当量学生与全时当量教职员工的比例从2001年的12∶1上升到2007年的18∶1。然而，按照南非的标准，其SET类专业的生师比仍然是可观的，2007年只有9∶1。2007年，与许多其他大学一样，内罗毕大学企业管理的生师比高达42∶1，令人无法接受。我们可以得出的结论是，2007年内罗毕大学SET类专业教工的教学工作量应该能够使他们从事研究活动，包括指导研究生。

4. 教工资历：2007年，内罗毕大学超过900名的大学终身学术人员的最高学位为博士学位。这一比例为71%，远高于南非各大学报告中的最高比例。

5. 研究经费：经计算的估计数表明，内罗毕大学的研究经费可能不足以维持强大的研究活动。

6. 博士毕业生：2001年至2007年间，博士毕业生增加了3.5 %，但26人的基数相当低，这导致博士毕业生与终身学术人员的比例非常低，只有2.5%。博士招生人数从2001年的190人下降到2007年的62人。

7. 科研论文：内罗毕大学的科研论文产出较低。2007年，其终身学术人员的平均科研论文产出为0.11篇，远低于南非研究型大学0.50篇的目标。

在投入指标方面，内罗毕大学的教学工作量，特别是SET类专业的教学工作量使其学术人员能够支持研究活动。它还有900多名拥有博士学位的学术人员和数量快速增长的硕士生。尽管大学在投入指标上有这些优势，但它的产出表现很差。SET类专业的毕业率较低。硕士到博士的升学率很低，博士毕业生和科研论文的产量也很低。削弱学术核心的关键因素似乎是：（a）SET类专业的毕业生产出不足；（b）研究生，特别是博士生的比例低；（c）博士毕业生的产出低；（d）科研论文的产出低。一个积极的发展点是，大学的硕士招生人数正在增长，这些项目的毕业生可能是未来科研项目的重要投入。然而，这需要改善升学条件。

削弱学术核心的因素似乎包括没有奖励知识生产的制度，科研收入低，加上有吸引力的咨询活动和额外的教学创收机会。

研究发现

◎学术核心的知识生产产出指标似乎不足以使大学对经济发展做出可持续的贡献。

◎这所大学并没有明显地从以本科为主的教学机构转为在SET和商业研究方面有优势的机构。

◎在投入指标方面，内罗毕大学在硕士和博士招生人数（尽管后者下降）、工作人员教学工作量、工作人员资历方面得分较高，特别是工作人员资历方面（样本中最高）。

◎内罗毕大学在三个产出指标上的得分都很低，尽管在投入指标上表现强劲。

◎内罗毕大学加强学术核心面临的最严峻挑战似乎是增加科研经费、提高博士毕业率和研究产出。

四、协调性和连通性

肯尼亚知识政策的协调和执行

表23列出了肯尼亚国家层面知识政策协调的评级。

表23 肯尼亚国家层面的知识政策协调

国家评分=6／9		
经济发展与高等教育规划相互联系	3系统联系 由高级部长领导的 正规机构	2零星联系 集群／论坛	1微弱联系 临时会议
大学与国家机构之间存在联系	3 具体协调机制或 机构	2 有一些正规机构，但 没有从事有意义的协调	1 没有机构，有政治 网络但不是专业网络
参与高等教育的政府机构的协调和共识建设	3 高等教育被纳入 政府主流部门	2 与无效论坛的间歇性 互动	1 高等教育问题主要局 限于一个部委或厅局

研究发现

◎肯尼亚在国家层面开展了大量的协调活动，包括分组和改组国家部门。

◎虽然政府官员与特定大学领导人之间存在个人联系网络，但不清楚这是否有助于强化该机构或部门的职能。

表24总结了肯尼亚国家层面和大学层面执行知识政策和活动的指标的评级。内罗毕大学迄今为止最大比例的科研经费来自外国捐助者。一位资深学者评论说，近年来发生了重大变化，特别是美国国际开发署（United States Agency for International Development，USAID）和洛克菲勒（Rockefeller）等美国捐助机构不再直接资助大学的研究，而是间接地通过民间社会组织开展资助。根据该受访者的说法，这导致了分化和项目化，因为美国捐助机构为许多小型短期项目而不是长期研究项目提供了资金。

没有证据表明内罗毕大学存在鼓励或奖励与经济发展有关的活动的具体措施。然而，该大学以前的战略规划（2005年至2010年）提到，打算为咨询活动设立奖励（晋升标准），尽管不清楚这些奖励是否已经实现。然而，虽然咨询工作已经纳入主流工作，但该大学似乎没有任何具体机制来激励或奖励与经济发展有关的活动。

表24　肯尼亚知识政策和活动的执行情况

国家评分=8／12		
高等教育主管部门的作用	3 有能力做出可预测资源配置的有组织的部门	2 有些管理工具和职能部门	1 微弱的能力，不能配置资源
使高等教育向促进经济发展转变的职能实施	3强 手段，例如：资助、激励大学／个人的具体项目	2弱 特殊项目的临时拨款	1缺失 没有特殊的激励资助
大学收入来源的差额／比例	3 政府拨款、学费和第三方收入	2 主要是政府拨款和学费	1 主要是政府拨款和外来资助
资助的可持续性	3 以所有相关行为者商定的标准为基础的稳定、透明的公共筹资机制	2 资金分配多少是可预测的，但不考虑长期规划，也不奖励进取行为	1 政府没有明确的资金或激励措施
大学评分=8／18		
与经济发展有关的具体单位、供资或岗位	3 具体的单位、供资或岗位	2 单位或岗位的经济发展举措	1 主要是由工作人员发起的临时行动
与发展有关的活动的奖励和激励	3 激励措施有利于晋升	2 有一些信号，但主要是言辞上的	1 没有提及
与劳动力市场有关的教学项目	3 与经济高度相关的专业的招生目标	2 针对具体产业需求的一些项目	1 没有与劳动力市场挂钩的新项目

续　表

大学评分=8／18			
将学生与经济发展联系起来的具体项目	3 创业、基于工作的学习和／或主流化的学生孵化器	2 特设项目	1 没有具体项目
越来越注重经济发展的研究活动	3 研究政策、战略注重经济发展	2 某些研究计划注重经济发展	1 特设项目资助
政府和大学的科研经费水平	3 高	2 中等	1 低

研究发现

◎肯尼亚知识政策和活动的弱点之一是国家和大学两个层面的执行情况。

◎尽管内罗毕大学确实存在与经济发展有关的机构和具体项目，将其与经济发展倡议联系起来，但问题是在许多情况下，这些倡议是由个人推动的，而不是制度化的。此外，这些特别的执行工作需要更多的互相联系。

◎尽管肯尼亚采取了褒奖与经济发展活动有关的研究的重要政策，但与经济发展有关的研究并没有通过传统的学术促进制度之外的奖励渠道得到奖励。

内罗毕大学与外部利益相关者和学术核心的联系

尽管政府机构与大学在个别单位和项目层面上似乎存在某种显著的联系，但大学与政府在更广泛层面上的关系似乎经历了某种困难时期，对此众说纷纭。一方面，据一位大学领导人说，在需要制定援助政策时，大学通常是政府的第一选择。此外，许多大学学者在经济学、社会学、政治学和行政管理等方面参与了《肯尼亚2030年愿景》的制定。然而，一些受访者对政府如何看待内罗毕大学持相当程度的怀疑态度，声称学术经常被指责过于理论化，不够实际。

一些受访者认为，肯尼亚政府和大学之间仍然存在相当程度的不信任，这种不信任并不表现在公开的讨论上，但确实存在。虽然学者们确实被选入某些政策领域的专家职能库中，但有种感觉，即不允许知识产业（大学是其中的核心部分）推动该国的发展进程。在传统的紧张自治关系中，大学受到《国家公司法》的约束，这种约束往往是限制性的，而不是促进性的。肯尼亚各大学目前正处于寻求更大的自主权和强化大学自身能力的过程中，以确保自己的方向和业务。

在我们的调查过程中，几乎没有发现任何证据表明大学与私营部门或行业存在联系。以前的战略规划提到高等教育理事会进行的研究认为，肯尼亚各大学和行业之间在教学和研究以及研发活动方面的合作相对较少。

内罗毕大学开展了大量的咨询活动，咨询已成为该大学的核心职能之一。1996年成立的内罗毕大学企业和服务有限公司（The University of Nairobi Enterprises and Services Ltd，UNES）现已大大扩展其规模，目的是促进和协调大学的各种创收活动，包括教学、研究和咨询活动。UNES注册为私营股份有限公司，作为独立于大学的单独法律实体运营。

直到最近，内罗毕大学基本上没有协调其自身的科研活动，特别是没有大学层面的组织负责协调研究工作，为外部组织（例如政府或捐助者）所做的许多研究工作是由学术单位内部的个人谈判达成的。然而，可喜的发展是，院长委员会（Deans' Committee）——实质上是大学的研究委员会建立了两个研究单位（自然科学研究院和社会科学研究院），负责协调各自学科领域的研究活动。此外，内罗毕大学还计划设立主管研究与发展的名誉副校长职位。

关于与经济发展有关的活动与学术核心的联系，图6列出了适用于七个项目／中心的"联系"和"学术核心"评级。

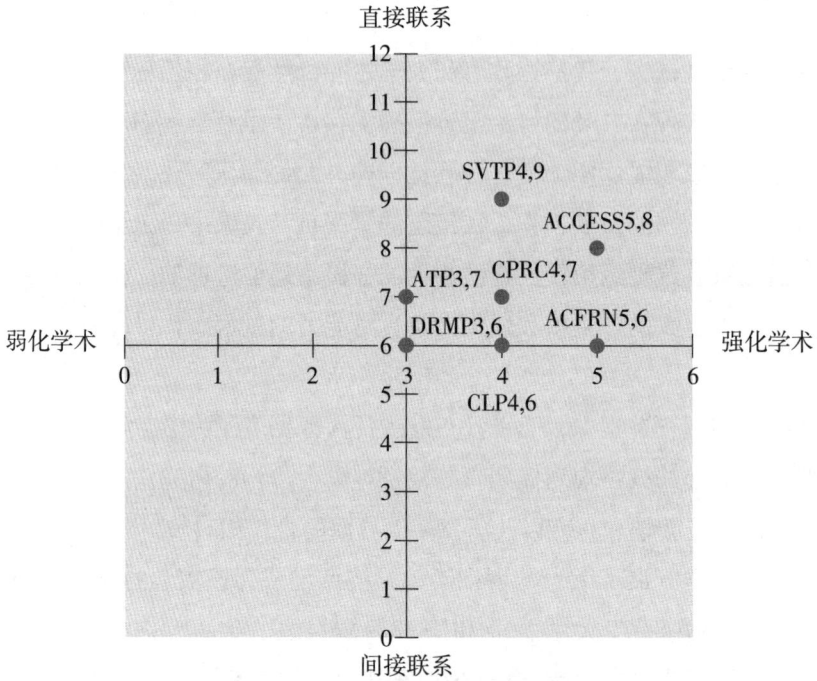

图6 内罗毕大学发展项目／中心图解

注：

缩写	项目／中心
ACCESS	非洲地球系统科学合作中心（African Collaborative Centre for Earth System Science）
CPRC	慢性贫困研究中心（Chronic Poverty Research Centre）
ACFRN	非洲服装和鞋类研究网（African Clothing and Footwear Research Network）
CLP	童工项目（Child Labour Project）
ATP	应用培训项目（Applied Training Project）
SVTP	街头小贩和商人项目（Street Vendors and Traders Project）
DRMP	灾害与风险管理项目（Disaster and Risk Management Project）

研究发现

◎虽然有证据表明内罗毕大学与行业或私营部门之间存在联系，但这些联系大多被认为是院系或中心层面的伙伴关系，而不是大学层面的合作关系。

◎被大学领导认为与发展密切相关的项目／中心往往在"联系"指标方面得分很高，换言之，它们反映了国家优先事项（以及大学目标中一小部分）有一个及以上的资金来源，在某些情况下，还有促进可持续发展的计划，并可能与执行机构有联系。

◎大多数项目／中心设法与大学的学术核心保持牢固的联系，而其他中心则与这些核心知识活动有些脱节。

◎内罗毕大学里有很好的发展项目／中心，问题是这些项目／中心的规模根本不够，有些似乎过分依赖特殊的个人。

五、肯尼亚和内罗毕大学案例研究的概括评述

《肯尼亚2030年愿景》是涵盖2008—2030年的新发展蓝图。该愿景的主要目标是将肯尼亚转变为中等收入国家。这方面的支柱是宏观经济稳定，进行施政改革；促进公平和创造财富，使穷人有机会；基础设施建设；能源；科学、技术和创新。这得到了《科学、技术和创新法案》（*Science，Technology and Innovation Bill，2009*）的支持，该法案的出发点是促进国家社会经济发展的研究、科学、技术和创新。

伴随着这些充满希望的发展，肯尼亚自2007年以来，国内生产总值增长了6%，人类发展指数高于邻国，创新能力排名第3（仅次于南非和毛里求斯），第三产业相对分化。尽管高等教育的入学率仍然很低，但肯尼亚的教育质量和在职培训获得了相对较好的评价。然而，由于体制环境的削弱（从前一年的第100位下降到第117位）、政府工作效率低下（排名第101位）和腐败现象逐渐严重（第116位），肯尼亚整体竞争力的潜力正在受到削弱。

这种积极增长和对未来发展的全球化设想受到体制环境的削弱、缺乏政策协调和执行，以及明显缺乏朝向非常积极的理想方向发展的能力的破坏。内罗毕大学缺乏可持续性，反映出它缺乏买进（buy-in）能力。如果不脱离经济的视野，它肯定对这一问题态度模糊，并以相当"象征性"的方式做出回应。大学方面也仍然存在相当程度的不信任，而且如上文所述，大学与企业之间也没有强有力的、制度化的互动。

我们很容易得出的结论是，尽管肯尼亚有一些积极的发展和非常现代化的未来愿景，但它没有关于大学在发展中的重要性和作用的公约。如果没有公约，在不断削弱的体制环境中，它就不可能进行必要的协调和做出必要的权衡，以重新分配资源，从而落实这一设想。

第四节　毛里求斯和毛里求斯大学

一、毛里求斯高等教育和经济发展背景

通过皮莱对三个成功系统的调查（Pillay，2010b），毛里求斯在实现高等教育与经济发展之间有效和高产的关系的先决条件方面取得了哪些成就？

中小学教育质量： 毛里求斯小学和中学的入学率都很高。然而，人们相当关切这一效率低下的系统，特别是对初级教育的完成率以及整个系统的供应和成果质量。毛里求斯政府认识到，如果毛里求斯要成为知识经济发展中的重要角色，就必须做出重大努力，确保提高质量。

经济和教育规划： 毫无疑问，毛里求斯试图将教育规划与经济规划同时进行。相关部门正在认真努力确保高等教育系统能够提供全球化以及知识经济所需的必要规模和各种类型的技能。

国家的作用： 国家在筹资、鼓励私营部门提供高等教育以及资助研发和创新方面发挥着重要作用。最近有关研究和创新以及人力资源开发的文件表明，国家将发挥更加积极的作用，确保高等教育系统能够充分、迅速地满足政府不断变化的发展战略。

伙伴关系： 总的来说，大学与私营部门之间的伙伴关系似乎处于发展的初

期阶段。令人鼓舞的是，政府正在采取资助举措，鼓励围绕研究和创新来建立这种伙伴关系。

院校分化：尽管毛里求斯的高等教育系统规模相对较小，但高等教育系统内似乎存在相当大的分化，毛里求斯有一所综合性大学、一所技术大学和一系列其他公立和私立高等教育机构。

质量：毛里求斯整个高等教育系统的教育质量出现了严重的问题，其政府已认识到这一问题，并正努力在系统的各个层面加以解决。

供资：从国际和发展中国家的角度来看，毛里求斯对高等教育的供资相对较少。该国正在努力解决研究发展资金水平低的问题，但显然，如果毛里求斯要在知识经济中有效竞争，在这一方面还需要做更多的工作。

创新：在研究之时，毛里求斯既没有对大学及其私营部门进行足够的投资，也没有为这两组重要行动者之间的伙伴关系提供适当的激励。在毛里求斯大学，鲜有证据显示科技创新或其传播达到了任何显著水平。

二、毛里求斯高等教育的作用的公约证据

毛里求斯对知识、大学在国家和院校政策和计划中的作用的指标评级见表25。

在本研究所选择的八个国家中，在国家层面，毛里求斯是最注重投资人力资本和知识经济的国家，该国将人力资本和知识经济视为发展的主要驱动力。就本研究报告用于评估国家治理和政策协调的标准而言，毛里求斯的国家发展规划大力强调知识经济的概念，高等教育在国家政策和规划中对经济发展的作用也是如此。

接受采访的毛里求斯大学领导人一致认为大学的作用侧重于促进该国的发展。当毛里求斯制糖工业被逐步淘汰，并且没有开始建立出口加工区的尝试时，大学作为知识的提供者就成了完成制糖工业部门变革的关键。这就要求不同的院系重新审查其方案、课程和研究议程。毛里求斯的领导层，无论是在专业培训还是在生产和应用方面，都大力强调知识。

大多数毛里求斯受访者认为多年来大学在为公共部门和私营部门培养高技

能专业人员以及如何与雇主建立联系以协助课程设计等方面发挥了重要作用。最近，终身学习和可持续的专业发展已开始得到更多的关注，例如，在工作人员和学生中举办企业家博览会。毛里求斯大学还试图通过众多的咨询工作组和委员会将其知识资源库制度化，这些资源构成了众多国家问题政府智囊团的一部分。受访者均未对大学自主权表示担忧，也未对大学在经济发展方面的作用提出质疑。

表25　知识和大学在毛里求斯发展中的作用

国家评分=6／6			
国家发展规划中的知识经济概念	3强 出现在许多政策文件中	2弱 仅在一项政策文件中提及	1缺失 根本没有提及
高等教育在国家发展政策和规划中的作用	3普遍 在发展政策中明确提及	2弱	1缺失
大学评分=5／6			
院校政策与规划中的知识经济概念	3 战略规划或研究政策战略中有突出强调	2 战略规划或研究政策中有模糊提及	1 根本没有提及
关于大学在经济发展中的作用的院校政策	3 有专门的院校政策	2 嵌入战略规划和研究政策等文件中	1 没有正式的政策

研究发现

◎关于国家和大学两级的发展模式和高等教育在经济发展中的作用，各方达成了强烈一致的共识。

◎毛里求斯是样本中唯一在国家层面和大学层面接受知识的国家，因此高等教育是其经济发展的关键。

◎教育和高等教育部的改组表明，毛里求斯正积极努力地在政府层面进行改组，以便其在国家的发展概念方面取得更大协调。

◎毛里求斯各部委都认识到了知识经济手段的重要性。

知识和大学在经济发展中的作用的认知

表26总结了国家和大学利益相关者对高等教育作用的认知，并说明这一认知是强烈、普遍、仅存在或完全不存在。

尽管承认很少有关于高等教育作用的单一概念，但毛里求斯大学在访谈以及主要规划和战略文件中都强调，大学必须通过其作为知识机构的作用与国家发展联系起来。知识经济概念与经济发展工具概念同时出现，但有趣的是后者是针对政府和企业的，而很少提到与社区的联系。

表26　毛里求斯国家和大学对高等教育作用的认知比较

概念	国家利益相关者		大学利益相关者	
辅助	○	官方缺失，但经常表达	○	大学是经济发展的关键
自我管理	◎	对于自治的认知模糊	◎	在一些高级学者中存在，但在管理层中不存在
发展议程的工具	☆	觉得大学做得不够	◎	部分员工具有强烈的服务导向
发展引擎	☆	主要出现在一些新的教育政策中	☆	日益重视其重要性

注：☆代表认知强烈；◎代表认知存在；○代表认知缺失。

研究发现

◎毛里求斯关于大学在发展中的作用的认知，国家和大学对发展引擎的概念达成了一致意见。

◎在国家层面，有人对毛里求斯大学在促进发展方面做得不够感到不满，但这有时是与相当传统的工具主义观念相混淆的。

◎在大学层面，主要的不满是政府没有给予足够的支持，使学术界不能为经济发展做出更大的贡献。

三、毛里求斯大学的学术核心

案例研究报告中对大学学术核心的分析是根据七个关键指标按"强""中""弱"的等级进行的。评级所依据的数据包含在详细的案例研究报告中。[①]这七个指标及其评分见表27。

表27　毛里求斯大学学术核心评级

	指标	等级（强／中／弱）*
1	SET类专业的招生人数和毕业人数	2007年SET类专业招生人数占比为42%，预计只有26%的SET类专业学生能如期毕业
2	研究生／本科生招生比例 硕士生／博士生招生比例	2001—2007年的研究生比例为13% 硕士与博士招生人数比例为18%
3	教学工作量：生师比	2007年生师比为16：1，SET类专业的生师比尤其好
4	有博士学位的科研人员比例	45%的终身学术人员具有博士学位（2007年）
5	终身学术人员的平均科研费用**	PPP$3000，非常少
6	博士毕业生	2007年博士毕业生人数占终身学术人员人数的5%
7	科研论文	2007年，终身学术人员的人均科研论文为0.13篇

注：■ 强；▨ 中；□ 弱。

*有关学术核心评级类别的详细说明，请参见附录F。

**研究经费数据来自毛里求斯大学关于研究合同经费的报告。

关于毛里求斯大学的学术核心数据，我们得到以下结论：

1. SET类专业招生人数：毛里求斯大学的SET类专业招生人数从2001年的2700人缓慢增长到2007年的3100人。大部分招生人数的增长发生在商业和管理类专业，从2001年的1200人增加到2007年的2400人，商业和管理类专业的

[①] 毛里求斯和毛里求斯大学的案例研究报告见 www.chet.org.za。

招生人数翻了一番。2007年，SET类专业学生人数的比例仍然很高（42%）。与样本中的其他大学相比，SET类专业的毕业率相对较高。

2. 研究生招生人数：毛里求斯大学的研究生总招生人数从2001年的9人增加到2007年的14人。报告表明，硕士招生人数以及硕士毕业生人数都在快速增长。硕士招生人数（不包括副博士）从2001年的350人增加到2007年的859人（年均增长16.1%）。硕士研究生由2001年的79人增加到2007年的360人（年均增长28.2%）。我们必须指出的是，毛里求斯大学将其高级研究生入学情况报告为副博士／博士学位，并在学生的研究性学习期间对学生的最终情况做出决定。值得关注的是，这些联合培养的副博士／博士生，似乎很少有人完成完整的博士学习阶段。2001年至2007年间，该大学平均每年仅培养出7名博士毕业生。

3. 教学工作量：毛里求斯大学的全时当量教工数量比全时当量学生数量增长了1倍多。因此，其全时当量学生与全时当量教工的比例从2001年的24∶1下降到2007年的16∶1。这一改善是该大学在2007年聘用了大量临时和兼职学者的结果。2007年，毛里求斯大学的终身学术人员人数为201人，全时当量教工为411人。这表明，2007年毛里求斯大学教工的教学工作量合理。

4. 工作人员的资格：2007年，毛里求斯大学45%的终身学术人员的最高学位为博士学位。

5. 研究经费：2007年，毛里求斯大学的研究合同经费为930万卢比，是其总收入的2.5%。按市场汇率和购买力平价计算，当购买力平价为60万美元时，这一数额相当于30万美元。这些换算后的金额，平摊到大学的终身学术人员身上后，终身学术人员的人均研究经费为1500美元，其购买力平价为3000美元。与南非各大学可获得的研究经费相比，这些比率偏低，表明毛里求斯大学可能无法为其科研活动提供足够的资金。

6. 博士毕业生：2001年至2007年间，毛里求斯大学的博士毕业生人数增加了6%。然而，毛里求斯大学的博士毕业生基数仅为7，这导致博士毕业生人数生与终身学术人员人数的比例非常低，仅为5%。

7. 科研论文：毛里求斯大学的科研论文产量较低，其2007年终身学术人员的人均科研论文为0.13篇，远低于南非研究型大学0.50篇的目标。

在投入指标方面，毛里求斯大学在SET类专业招生人数和研究生招生人数方面表现强劲。它还通过岗位临时工作人员，减轻工作人员的教学负担，从而将工作量转移到兼职管理工作人员的身上。毛里求斯大学工作人员的平均资历高于南非大学的工作人员平均资历。

毛里求斯大学主要的投入不足似乎是缺乏研究经费，进而影响了博士生毕业和科研论文的产出。此外，如果毛里求斯大学想成为一个能够对经济发展做出重大贡献的知识生产者，似乎还必须认真地重新考虑奖励办法。

研究发现

◎在学术核心的知识生产产出指标上，毛里求斯大学似乎不足以对经济发展做出可持续的贡献。

◎毛里求斯大学并没有显著地从以本科为主的教学机构转变为研究机构。

◎在投入指标方面，大学在SET类专业毕业率方面得分很高，但在博士毕业生和发表出版物方面得分很低。

◎毛里求斯大学加强学术核心面临最严峻的挑战似乎是增加研究经费，提高博士毕业率和研究产出。

四、协调性和连通性

毛里求斯的知识政策协调和执行

表28列出了毛里求斯国家层面的知识政策协调的评级。负责发展规划的国家机关与负责高等教育的国家机关之间进行了有效的规划。关于后者，在不诉诸任何形式的"人力规划"的情况下，教育部门规划的特性表明毛里求斯在努力确保提供一般技能和提高成果的质量。然而，毛里求斯没有正式的机构将国家政府和高等教育机构联系起来。

表28　毛里求斯国家层面的知识政策协调

国家评分=7／9		
经济发展与高等教育规划相互联系	**3 系统联系** **由高级部长领导的正规机构**	2 零星联系 集群／论坛	1 微弱联系 临时会议
大学与国家机构之间存在联系	3 具体协调机制或机构	**2** **有一些正规机构，但没有从事有意义的协调**	1 没有机构，有政治网络但不是专业网络
参与高等教育的政府机构的协调和共识建设	3 高等教育被纳入政府主流部门	**2** **与无效论坛的间歇性互动**	1 高等教育问题主要局限于一个部委或厅局

研究发现

◎毛里求斯在国家层面开展了大量的协调活动，包括分组和改组国家部委。

◎虽然政府官员和具体的大学领导人之间有许多个人网络，有助于就大学在发展中的作用达成共识，但问题是这些网络是否有助于加强该部门的职能。

表29总结了毛里求斯国家和大学两个层面执行知识政策和活动的指标的评级。

表29　毛里求斯知识政策和活动的执行情况

国家评分=8／12		
高等教育主管部门的作用	3 有能力做出可预测资源配置的有组织的部委	**2 有些管理工具和职能部门**	1 微弱的能力，不能配置资源
使高等教育向促进经济发展转变的职能实施	3 强 手段，例如：资助、激励大学／个人的具体项目	**2 弱** **特殊项目的临时拨款**	1 缺失 没有特殊的激励资助
大学收入来源的差额／比例	3 政府拨款、学费和第三方收入	**2** **主要是政府拨款和学费**	1 主要是政府拨款和外来资助

续 表

国家评分=8／12			
资助的可持续性*	3 以所有相关行为者商定的标准为基础的稳定、透明的公共筹资机制	2 资金分配多少是可预测的，但不考虑长期规划，也不奖励进取行为	1 政府没有明确的资金或激励措施
大学评分=13／18			
与经济发展有关的具体单位、供资或岗位	3 具体的单位、供资或岗位	2 单位或岗位的经济发展举措	1 主要是由工作人员发起的临时行动
与发展有关的活动的奖励和激励	3 激励措施有利于晋升	2 有一些信号，但主要是言辞上的	1 没有提及
与劳动力市场有关的教学项目	3 与经济高度相关的专业的招生目标	2 针对具体产业需求的一些项目	没有与劳动力市场挂钩的新项目
将学生与经济发展联系起来的具体项目	3 创业、基于工作的学习和／或主流化的学生孵化器	2 特设项目	1 没有具体项目
越来越注重经济发展的研究活动	3 研究政策、战略注重经济发展	2 某些研究计划注重经济发展	1 特设项目资助
政府和大学的科研经费水平	3 高	2 中等	1 低

注：*最初的资助的可持续性评级为2。然而，由于收集了本案例研究的数据，发现毛里求斯大学的资助方式（基于项目的预算编制）确实在一定程度上允许它进行长期规划。

研究发现

◎毛里求斯在国家层面的弱点之一是执行新政策，特别是那些需要转移资源的政策。此外，虽然有一些转向工具和机制，但这些工具和机制似乎不足以"重新定向"系统。

◎尽管该大学确实有与经济发展有关的机构和具体方案，将其与发展倡议联系起来，但问题是，在许多情况下，这些倡议是由个人推动的，而不是制度化的。此外，这些特别的执行工作需要更多的联系。

◎尽管毛里求斯的政策（主要是通过主题）强调了与经济发展活动有关的研究的重要性，但与经济发展有关的研究并没有通过传统学术促进制度以外的奖励措施得到奖励。

毛里求斯大学与外部利益相关者和学术核心的联系

一些院校利益相关者报告说，毛里求斯政府和大学学者之间建立了良好的联系。毛里求斯大学的《战略、研究和创新框架》（*Strategic and Research and Innovation Framework*）使用"三螺旋（triple-helix）"模型框架与政府和产业加强联系和合作。毛里求斯大学向政府和工业界转让技术的关键机制包括咨询服务、直接出售技术、颁发技术许可证、合资企业和开办企业。咨询项目包括研究项目、大学实验室的常规测试、培训方案、执行发展方案和持续发展方案。

有人认真地试图通过建立各种园区（例如科学和技术园区、工业园区、研究园区）以及毛里求斯企业、毛里求斯国家生产力和竞争力理事会（Mauritius National Productivity and Competitiveness Council）与小企业和手工业发展管理局（Small Enterprises and Handicraft Development Authority）等机构，使合作制度化，所有这些机构都以某种方式参与创业或创新。然而，这也存在两个严重缺陷：一是政府没有充分利用学术界的专门知识；二是主要利益相关者之间的协调不足。一些受访者以不同的方式表示，互动是具体的，而且某些政府部门对面向发展的项目的数据和研究结果不感兴趣。此外，大量的研究和创新基础设施没有在不同的倡议之间得到系统的协调。甚至，毛里求斯大学的咨询和合同研究中心（Centre for Consultancy and Contract Research）也基本上没有起到协调作用，而该中心的设立就是为了加强内部和外部利益之间的协调。

在毛里求斯大学，私营部门大量参与课程评价和开发以及学生的工作安排，但有多位受访者认为工作安排的规模不够大。已经有受访者提到，私营部门在研发方面的投资很少，而且是以一种特别的方式进行的。两名大学领导人认为根本不存在协调机构，然而，有人提到毛里求斯正在计划建立大学与工业的联络机构。受访者还提到，大学和政府，特别是大学和工业界的联系将随着工作人员交流的增加而得到加强。我们的研究小组显然注意到，政府与发展项目的联系比被借调给政府从事特定时期有限项目的学者的联系更为密切。关于与发展有关的活动与学术核心的联系，适用于六个项目／中心的联系和学术评级见图7。

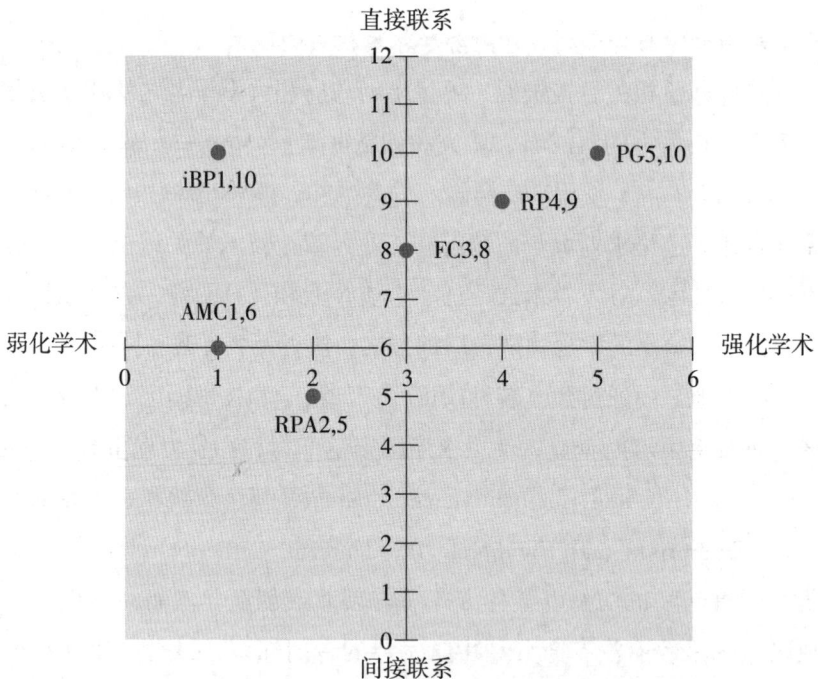

图7 毛里求斯大学发展项目／中心图解

注：

缩写	项目／中心
PG	聚合物小组（Polymer Group）
RP	洛神葵项目（Roselle Project）
RPA	减贫战略评价项目（Review of Strategies of Poverty Alleviation）
AMC	生产企业审计（Auditing of Manufacturing Companies）
FC	渔业社区的社会经济分析（Socio-Economic Analysis of Fishing Communities）
iBP	ICT企业预孵化器项目（ICT Business Pre-Incubator）

研究发现

◎虽然有证据表明毛里求斯大学与行业或私营部门之间存在联系，但这些联系大多被承认为是院系或中心层面的伙伴关系，而不是大学层面的合作关系。

◎与样本中的大多数大学不同，毛里求斯大学参与了系列广泛的工业研发咨询。

◎被毛里求斯大学领导认为与发展密切相关的项目／中心往往在"联系"指标方面得分很高，换言之它们反映了国家优先事项（以及大学目标中一小部分）有多个资金来源，在某些情况下还有促进可持续发展的计划，并可能与执行机构有联系。

◎其中一些项目／中心还设法与大学的学术核心保持牢固的联系，而另一些则与这些核心知识活动脱节。

◎大学里拥示范性的发展项目／中心，但问题是这些发展项目／中心的规模根本不够，有些发展项目／中心似乎过分依赖特殊的个人。

五、毛里求斯和毛里求斯大学案例研究的概括评述

毛里求斯与我们的国际比较中包括的案例（芬兰、韩国和美国北卡罗来纳州）一样，将知识经济的概念作为其新的经济增长战略的一个重要特征。高等教育和高级知识的重要性在一些政策中得到了突出体现。此外，学校教育的参与程度很高，人们强烈意识到要提高质量，高等教育体系也在不断扩展和分化。

在叙述层面，国家政治行动者和大学领导人都认为，高等教育是经济发展的工具，是知识驱动经济发展观念的关键组成部分。他们主要担心的是，学术人员的专门知识应用得不够有效。学者们感到沮丧的是，他们没有得到足够的激励和奖励措施来充分发挥知识生产和创新的作用。无论是政府还是大学领导层，都没有把大学视为奢侈品，也没有明显的自治冲突。双方都担心没有实现

广泛商定的目标。

毛里求斯大学的战略规划反映了许多知识经济概念，例如，终身学习和持续的专业发展受到了更多的关注，其战略规划和研究创新战略都提出在员工和学生之间建立创业博览会（Entrepreneurial Flair）。还有一些具体的学术项目试图通过基于工作的学习、参加孵化器和创业课程向学生提供适当的劳动力市场知识技能。

除了建立诸如副校长研究和创新办公室（Office of the Pro-Vice-Chancellor Research and Innovation）的机构外，毛里求斯大学已经确立五个研究集群，以集中研究重点项目和资源。然而，尽管研究活动越来越以经济为导向，但政府对研究的资助似乎仍然很少，而且越来越难以获得。毛里求斯大学的内部激励／报酬结构也没有反映新的变革方向。我们可以说"公约"的力度不足以使政府做出必要的权衡，为知识项目配置更多的资源，毛里求斯大学内部也是如此。此外，毛里求斯大学几乎没有来自工业界或外部资助者的资金支持。

毛里求斯大学的学术核心告诉我们其知识状况，其SET类专业学生的入学率和毕业率相对较高，研究生招生人数有了显著增长，但博士生毕业率没有增长。毛里求斯大学教员的教学工作量相当大，尽管这一点略显不足，然而其长期工作人员是合格的，但是其论文形式的知识产出很低。此外，毛里求斯大学用于科研的资金非常少，而且似乎越来越难以获得。尽管毛里求斯大学出现了积极发展面，但除非有更强大的博士产出（培养一批潜在的研究人员）、日益丰富的研究资源、大幅提高的生产力，否则毛里求斯大学将很难实现其知识经济的雄心。

虽然毛里求斯国家教育部在促进互动方面有一定的能力，但高等教育委员会（Tertiary Education Commission）似乎越来越多地发挥这一作用。与许多其他国家的情况一样，教育部在政府部门的等级制度中并不强大，因此其可以发挥的指导协调作用就受到限制了。

此外，毛里求斯似乎无论是在政府部门之间，还是在政府与大学之间，都没有强有力的正式协调机构。一些受访者以不同的方式表示，政府与大学社区之间的互动更多是临时性的，而不是系统性的，往往特定的政府部门对面向经济发展的项目的数据和研究发现不感兴趣。这造成的必然抱怨是，政府没有充分利用学者的专门知识。

毛里求斯大学在使发展项目制度化方面取得了相当大的进展。毛里求斯大学在其内部设立了若干专门的岗位、单位和中心（特别是咨询和合同研究中心），以改善协调状况并确保可持续性。毛里求斯大学向政府和工业界转让技术的关键机制包括咨询服务、直接出售技术、颁发技术许可证、合资企业和开办企业、执行发展方案和持续发展方案。咨询项目包括研究项目、大学实验室的常规检测和培训项目。

此外，雄心勃勃的科技园可能是协调研究和咨询项目并使之制度化的最大尝试。除了国有企业、小企业和手工业管理局等机构外，毛里求斯还在筹备建立正式的机构——工业理事会。

毛里求斯大学不仅准备了某些教学方案以满足劳动力市场的需求，而且在其内部设立了正式的课程咨询委员会和程序，以改善与劳动力市场的关系。

毛里求斯大学的主要规划和战略文件强调的是该机构与行业和政府的关系，很少提到与社区的联系，暗示该大学将其发展作用视为与政府和行业的三角关系。有趣的是，本研究报告中六个与发展有关的项目都有力而直接地阐明了项目目标和国家优先事项的关系。然而，在阐明与大学目标的关系方面并非如此，其中三个项目没有报告任何直接联系。这也不足为奇，因为这三个项目中的两个是由外部机构发起的一次性咨询项目。

在与外部利益相关者的联系方面，六个项目中的五个与执行机构有直接或间接的联系，其中大多数项目是由外部机构发起和资助的。

毫无疑问，虽然这六个项目以各种方式在其专业领域，特别是在专门知识的应用方面对发展做出了重要贡献，但是强化学术核心还是大学的主要业务。因此，对强化学术核心的贡献的总体低评价令人担忧，此外，根据我们的分析框架，它还抑制了大学为发展做出重要和持续贡献的潜力。

总之，毛里求斯政府和毛里求斯大学领导都有强大的知识经济话语和一系列令人印象深刻的政策。然而，这些政策的协调仍然存在重大问题，"公约"似乎不够强大，政府无法进行资源配置来支持这一设想。毛里求斯大学也未能充分强化其学术核心，从相当传统的教学机构转向知识生产和创新机构。毛里求斯在研究时面临的基本挑战是，尽管毛里求斯在其大多数政策中都积极采纳了知识经济的概念，但毛里求斯大学似乎还没有能力提供知识使这一新设想付诸实施。

第五节　莫桑比克和爱德华·蒙德拉内大学

一、莫桑比克高等教育和经济发展背景

莫桑比克在实现皮莱提出的高等教育与经济发展之间有效和高产的关系的先决条件方面（Pillay，2010b）取得了哪些成就？

中小学教育质量：莫桑比克小学和中学的入学率相对较低。初等教育的净入学率从1999年的52%增加到2006年的76%，但莫桑比克仍然远远没有普及初等教育。中等教育的入学率之低令人震惊，这一点非常清楚地解释了莫桑比克的中小学教育为何不能为有效的高等教育系统奠定坚实的基础。2006年，莫桑比克中学毛入学率为16%，净入学率为4%（UNESCO，2009）。撒哈拉以南非洲国家中学的平均毛入学率和净入学率为32%和25%，按发展中国家的标准计算并不高（分别为60%和53%），但远远高于莫桑比克的数据。此外，人们对无能的中学体系，特别是对初级教育的完成率以及整个系统的质量和结果感到相当担忧。2006年，小学最后一年级的在读率为40%（撒哈拉以南非洲国家的平均值为67%，发展中国家为81%）（来源同上）。

经济和教育规划：莫桑比克在政策文件中反映了对经济和教育规划的认真承诺。然而，几乎没有证据表明这种规划正在进行。

国家的作用：国家（通过捐助资金）在筹资以及鼓励私营部门提供高等教育方面发挥着重要作用。国家的政策文件突出了高等教育在经济发展中的作用，然而由于资源有限，国家显然无法确保政策的有效执行。

伙伴关系：总的来说，没有证据表明国家、大学和私营部门之间存在伙伴关系。

院校分化：有证据表明大学之间（例如爱德华·蒙德拉内大学与教育大学）和整个系统内部各单位之间存在着差异。还有可能的是，大多数研究和创

新都是在爱德华·蒙德拉内大学进行的，其他高等教育机构由于缺乏资金和人力资源而被迫侧重于其教育和培训职能。

质量：莫桑比克的整个教育系统的质量存在严重的问题。莫桑比克在世界经济论坛的全球竞争力指数和全球创新指数中的低质量表现最为突出。

资助：鉴于需求程度以及增加教育机会和增进公平的必要性，国家对高等教育的资助资金绝对数额很小。

创新：在执行本研究时，莫桑比克既没有在大学也没有在私营部门进行足够的投资，也没有为这两个重要行动者之间的伙伴关系的建立提供适当的激励。

二、莫桑比克高等教育的作用的公约证据

莫桑比克对知识、大学在国家和大学政策及规划中的作用的指标评级见表30。

表30　知识和大学在莫桑比克发展中的作用

国家评分=5／6			
国家发展规划中的知识经济概念	3强出现在许多政策文件中	2弱仅在一项政策文件中提及	1缺失根本没有提及
高等教育在国家发展政策和规划中的作用	3普遍在发展政策中明确提及	2弱	1缺失
大学评分=3／6			
院校政策与规划中的知识经济概念	3战略规划或研究政策战略中有突出强调	2战略规划或研究政策中有模糊提及	1根本没有提及
关于大学在经济发展中的作用的院校政策	3有专门的院校政策	2嵌入战略规划和研究政策等文件中	1没有正式的政策

在国家层面，莫桑比克对知识经济和高等教育在发展中的重要作用做出了

强有力的政策承诺；在大学层面，尽管最高领导层在讨论层面上对科学、研究和创新做出了承诺，但在大学的战略规划中没有反映出来，也没有任何正式的机构或资金鼓励措施来促进这项工作。

研究发现

◎在国家层面，莫桑比克只有一项政策提到了知识经济的重要性。然而，一些政策声明中明确提到了高等教育在发展中的重要性。

◎相反，大学层面对知识经济的提及较弱，莫桑比克大学战略规划没有提到大学在发展中的重要作用。

◎国家和大学各级没有达成广泛一致的意见，即知识和高等教育是经济发展的关键。

知识和大学在发展中的作用的认知

表31总结了国家和大学利益相关者对高等教育作用的认知，并说明这一认知是强烈、普遍、仅存在或完全不存在。

表31　莫桑比克国家和大学对高等教育作用的认知比较

概念	国家利益相关者		大学利益相关者	
辅助	○	官方缺失，但经常表达	○	大学是经济发展的关键
自我管理	◎	对于自治的认知模糊	☆	在一些高级学者中存在，但在管理层中不存在
发展计划的工具	☆	觉得大学做得不够	◎	部分员工具有强烈的服务导向
发展引擎	◎	主要出现在一些新的教育政策中	○	日益重视其重要性

注：☆代表认知强烈；◎代表认知存在；○代表认知缺失。

虽然大多数大学都会存在这四种认知，但问题是某一特定时期内，在国家和大学利益相关者中，哪种认知占主导地位？调查显示，在莫桑比克，尽管人们仍然强烈认为，大学作为一个机构，在国家发展、为政府和工业培养专业人员以及在生产科学知识方面是十分重要的，但没有必要使其在国家发展中发挥直接作用。这反映在莫桑比克大学反复提到教学、研究和服务的核心功能上。这种自治观念伴随着一种工具性和一种发展引擎，并且后者在政府中的地位比在大学中更强，但几乎没有运作。

研究发现

◎在大学对经济发展的作用的认知方面，莫桑比克在国家层面有强烈的"工具"作用期望，此外，它也提到了自治问题。

◎在大学层面，人们强烈倾向于自治概念，经常提到工具性，尽管工具性并不占主导地位。

◎在国家和大学层面，工具和自治的概念很普遍，但没有得到解决。在大学领导层中，关于发展引擎的讨论要少得多。

三、爱德华·蒙德拉内大学的学术核心

案例研究报告中对大学学术核心的分析是根据七个关键指标的评级进行的。评级所依据的数据包含在详细的案例研究报告中。[①]这七个指标及其评级见表32。

表32　爱德华·蒙德拉内大学学术核心评级

	指标	等级（强／中／弱）*
1	SET类专业的招生人数和毕业人数	2007年SET类专业招生人数比例为47%，但其毕业率相当低
2	研究生／本科生招生比例 硕士生／博士生招生比例	2007年，研究生人数=总招生人数的4%； 硕士产出非常低，直至2006年还没有博士招生

---

① 莫桑比克和爱德华·蒙德拉内大学的案例研究报告见www.chet.org.za。

续　表

	指标	等级（强／中／弱）*
3	教学工作量：生师比	2007年，SET类专业全时当量生师比为13：1，商业类生师比为50：1
4	有博士学位的科研人员的比例	24%的终身学术人员具有博士学位（2007年）
5	终身学术人员的平均科研经费**	2007年没有科研经费
6	博士毕业生	2007年没有博士毕业生
7	科研论文	研究生产力较差，2001年科研生产率为0.04%，2007年很少有科研人员发表研究性论文

注：■ 强；▨ 中；□ 弱。

*有关学术核心评级类别的详细说明，请参见附录F。

**研究经费数据是根据爱德华·蒙德拉内大学2007年的统计报表得出的，统计报表显示其研究经费为0。

对爱德华·蒙德拉内大学的学术核心数据进行分析可以得到以下结论：

1. SET类专业招生人数：爱德华·蒙德拉内大学的SET类专业招生人数从2001年的4500人增加到2007年的7600人。这一时期SET类专业招生人数的平均年增长率为9.1%，低于其他研究领域的增长率。由于增长率的差异，SET类专业学生的比例从2001年的62%下降到2007年的47%。这还是不错的比例，但被很糟糕的SET类专业的毕业率抵消了。SET类专业的产出比表明，每100名选择SET类专业的学生中，只有大约20名会毕业。

2. 研究生招生人数：在这一时期内，爱德华·蒙德拉内大学研究生在其总招生人数中所占的比例很低，而且一直很低。大学在2002年第一次招收硕士生，在2006年第一次招收博士生。2007年，它的硕士招生人数为602人，博士招生人数仅为3人。2007年研究生人数占总入学人数的4%。

3. 教学工作量：2001年至2007年间，爱德华·蒙德拉内大学的全时当量教工的总增长率为全时当量学生平均年增长率的一半，结果导致全时当量学生与全时当量教工的比例从2001年的9：1增加到2007年的13：1。然而，与南非的20：1的标准相比，该大学2007年的比例可以被视为令人满意的比例。

2007年，该大学通过雇用临时和非全日制教职员工增加了大约20%的教职员工。我们可以得出的结论是，2007年爱德华·蒙德拉内大学教工的教学工作量较为合理。

4. 教工资历：2007年，爱德华·蒙德拉内大学24%的终身学术人员的最高学位为博士学位，这一比例低于南非的大学的平均值。

5. 科研经费：计算后的估计数据表明，爱德华·蒙德拉内大学没有指定的资金可用于支持其学术人员的研究活动。

6. 博士毕业生：2007年，爱德华·蒙德拉内大学只招收了3名博士生，没有博士毕业生。在此之前的历史上，莫桑比克的博士生都是在国外培养的。

7. 科研论文：就科研论文而言，爱德华·蒙德拉内大学的产出极低。2007年，其842名终身工作人员只发表了21篇科研文章。

在投入指标方面，爱德华·蒙德拉内大学SET类专业招生人数表现强劲，其生师比也非常有利。然而，其研究生招生人数较少（尽管硕士招生人数从2001年的0人突破到2007年的602人）。此外，在八所样本大学中，其工作人员的素质最低，终身学术人员的人均科研经费也很少。最后，其SET类专业毕业率和知识生产产出也是样本中最低、最弱的。爱德华·蒙德拉内大学的积极进展是其硕士研究生的增加，以及开始招收博士研究生。

研究发现

◎爱德华·蒙德拉内大学没有从以本科为主的教学机构发生转变。

◎在投入指标方面，大学在SET类专业招生人数和教职工教学工作量两个投入指标上得分较高，在三个产出指标上得分均较弱。

◎学术核心的知识生产产出指标似乎不足以使爱德华·蒙德拉内大学对经济发展做出可持续的贡献。

四、协调性和连通性

知识政策的协调和执行

表33列出了莫桑比克国家层面知识政策协调的评级。莫桑比克认识到政府内部以及政府与大学之间缺乏协调，设立了两个国家机构作为政府、大学和民间社会互动的机构。其中之一是高等教育理事会，该理事会汇集了大学代表、民间社会代表和财政部代表等行动者；另一个是科学和技术理事会，有一些大学校长和民间社会代表参加。为了把这些不同的团体团结在一起，莫桑比克还成立了国家高等教育、科学和技术部，直接向部长会议报告。然而，这个机构似乎从来没有真正地正常运转过。例如，一位受访者评论说，开会时，双方显然并不认识，一些活动重叠，且没有协调。这突出了进行横向和纵向对话的重要性。此外，尽管高等教育与政府之间的论坛，以及在某些情况下与民间社会之间的论坛在非洲相当普遍，但很少能够贯彻或监测各项决定的执行情况。相反，这些论坛往往造成协商和协调的错觉。

表33　莫桑比克国家层面的知识政策协调

国家评分=4／9		
经济发展与高等教育规划相互联系	3 系统联系 由高级部长领导的正规机构	2 零星联系 集群／论坛	**1 微弱联系 临时会议**
大学与国家机构之间存在联系	3 具体协调机制或机构	**2 有一些正规机构，但没有从事有意义的协调**	1 没有机构，有政治网络但不是专业网络
参与高等教育的政府机构的协调和共识建设	3 高等教育被纳入政府主流部门	2 与无效论坛的间歇性互动	**1 高等教育问题主要局限于一个部委或厅局**

研究发现

◎在国家层面，莫桑比克进行的似乎主要是非正式的互动，但没有制度化的协调过程。

◎虽然莫桑比克政府官员和特定的大学领导人之间存在着相当大的个人网络，但不清楚这些网络是否有助于建立共识和强化该机构的职能。

◎提到机构、资源和激励措施等方面时，莫桑比克部委的能力非常欠缺。这些部委仅进行过一次认真的指导尝试。此外，莫桑比克还存在资助不一致的情况。

表34总结了与国家和大学两级执行知识政策和活动有关的指标的评级。

表34 莫桑比克知识政策和活动的执行情况

国家评分=5／12			
高等教育主管部门的作用	3 有能力做出可预测资源配置的有组织的部门	2 有些管理工具和职能部门	1 微弱的能力，不能配置资源
使高等教育向促进经济发展转变的职能实施	3强 手段，例如：资助、激励大学／个人的具体项目	2弱 特殊项目的临时拨款	1缺失 没有特殊的激励资助
大学收入来源的差额／比例	3 政府拨款、学费和第三方收入	2 主要是政府拨款和学费	1 主要是政府拨款和外来资助
资助的可持续性	3 以所有相关行为者商定的标准为基础的稳定、透明的公共筹资机制	2 资金分配多少是可预测的，但不考虑长期规划，也不奖励进取行为	1 政府没有明确的资金或激励措施
大学评分=7／18			
与经济发展有关的具体单位、供资或岗位	3 具体的单位、供资或岗位	2 单位或岗位的经济发展举措	1 主要是由工作人员发起的临时行动
与发展有关的活动的奖励和激励	3 激励措施有利于晋升	2 有一些信号，但主要是言辞上的	1 没有提及
与劳动力市场有关的教学项目	3 与经济高度相关的专业的招生目标	2 针对具体产业需求的一些项目	1 没有与劳动力市场挂钩的新项目

续 表

大学评分=7／18		
将学生与经济发展联系起来的具体项目	3 创业、基于工作的学习和／或主流化的学生孵化器	2 特设项目	1 **没有具体项目**
越来越注重经济发展的研究活动	3 研究政策、战略注重经济发展	2 某些研究计划注重经济发展	1 **特设项目资助**
政府和大学的科研经费水平	3 高	2 中等	1 **低**

研究发现

◎在国家层面，莫桑比克教育部的能力似乎很差，没有指导机制，经费也有些难以预测。

◎爱德华·蒙德拉内大学有与经济发展有关的机构，将它与经济发展倡议联系起来。但问题是，这些措施大多是由个人推动的，而不是制度化的。

◎除了传统的学术晋升制度和外国咨询公司之外，与发展有关的研究并没有得到显著的奖励。

爱德华·蒙德拉内大学与外部利益相关者和学术核心的联系

在大学层面，几乎没有证据表明大学与行业界和私营部门的互动，也许部分原因是莫桑比克的这些部门没有得到很好的发展。学术界也没有真正的动机来从事研究或参与活动，更不用说那些与经济发展有关的具体活动。相反，扩大招生的压力加大，向公共院校学者提供补充薪酬的私立院校大量增加，这强烈地抑制了研发活动。

关于协调，爱德华·蒙德拉内大学有与外国捐助者协调联系的悠久传统和做法。除了世界银行通过政府提供的支持外，爱德华·蒙德拉内大学最大的捐助伙伴之一是SIDA／SAREC，该大学与SIDA／SAREC的关系已有超过三十年的历史。多年来，SIDA为莫桑比克资助了多项个人项目、能力发展（包括硕士和博士学位）项目、规模较大的研究项目以及用于支付昂贵设备和实验室维护开支的设施基金等。在过去几年中，莫桑比克将硕士生和博士生培训纳入SIDA资助的大型研究方案中是强制性的。

莫桑比克已经建立了与较大捐助者（例如瑞典、意大利和比利时）谈判的制度，使得到资助的项目与大学和国家优先事项相一致，这得益于新成立的捐助者协调办（Donor Coordination Unit）。然而，在较小的捐助者资助项目中确保这一点要困难很多，因为这些项目通常是与个别研究人员谈判的。捐助者协调办直接由副校长负责，还负责召集主要捐助者开会，讨论其活动，以便协调供资领域和报告机制，并在可能的情况下避免重复或重叠。协调办的协调员报告说，在最近一次大型捐助者会议上，它们之间在供资领域和活动方面显然没有得到协调。然而，即便如此，这已然是我们在八个国家案例研究中看到的捐助者协调得最有条理的案例了。

关于与发展有关的活动与学术核心的联系，对五个项目／中心的"联系"和"学术核心"评级见图8。

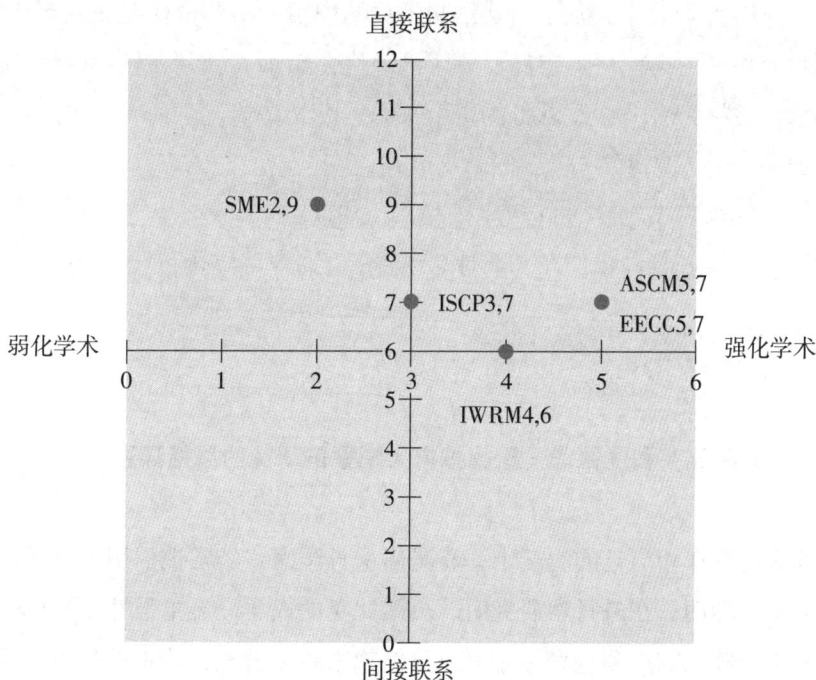

图8　爱德华·蒙德拉内大学发展项目／中心图解

注:

缩写	项目／中心
ASCM	促进莫桑比克可持续建设项目（Advancing Sustainable Construction in Mozambique）
ISCP	东非创新系统和集群方案（Innovation Systems and Clusters Programme in Eastern Africa）
EECC	能源、环境和气候变化研究方案（Energy, Environment and Climate Change Research Programme）
SME	希布托学校管理和创业项目（School of Management and Entrepreneurship in Chibuto）
IWRM	莫桑比克南部可持续发展的水资源综合管理项目（Integrated Water Resources Management for Sustainable Development in Southern Mozambique）

研究发现

◎被大学领导认为与发展密切相关的项目／中心往往在联系指标方面得分很高，换言之，它们反映了国家优先事项（以及在较小的程度上是院校目标）有一个及以上的资金来源，在某些情况下还有促进可持续发展的计划，并可能与执行机构有联系。

◎其中三个项目在强化学术核心（SIDA 的要求）方面的得分也很高。这个问题是规模问题，需要更多的这类项目来阐明发展目标和加强学术核心。

五、莫桑比克和爱德华·蒙德拉内大学案例研究的概括评述

莫桑比克在相当长的时期内一直是高增长国家，经常被引用为世界银行的成功案例。然而，在进行本研究时，莫桑比克的人类发展指数并没有攀升，也没有显著的收入减少和地区不平等。虽然越来越多的人，特别是在一些政府部门，承诺将知识作为经济发展的基础，但他们在执行方面做得很少。

一些受访者勾勒出了爱德华·蒙德拉内大学历史发展的画面，这所大学培养了许多显赫的领袖，例如 Samora Machel、Joaquim Chissano 和 Armando Guebuza 等，他们为了加入解放斗争，停止了自己的高等教育学习，但保留了对知识力量的强烈赞赏。经过独立后的暂时关闭，20 世纪 80 年代，该大学从以教学为主的机构开始转变成对核心活动进行研究的机构。20 世纪 90 年代，总统科学和技术论坛（Presidential Forum on Science and Technology）和希萨诺总统全国委员会（President Chissano's national Commission）在经济和社会事务部长英明的领导下成立了高等教育、科学和技术部（Ministry of Higher Education，Science and Technology）。2003 年，莫桑比克制定和批准了第一项国家科学技术政策，它是国家第一次真正尝试引导这个系统向科学技术方向发展的政策，这表明政府认识到了它在发展中的重要性。

爱德华·蒙德拉内大学做出了积极的回应，它将较小的项目纳入新的、较大的项目中，并且根据这些方案对国家优先事项的贡献，例如政府的减贫战略，对这些项目进行了评价。这标志着爱德华·蒙德拉内大学的研究政策与莫桑比克科学、技术和创新战略的优先事项之间存在某种一致性。

但是遗憾的是，根据受访者的反应和我们对政策、机构和资源的评价，莫桑比克的此类政策很少得到连贯的执行，而且由于新的教育部正在发挥能力，并与相当多的国际网络合作，因此政治变革使高等教育与科学技术分离，高等教育与教育重新配置。对利益相关者来说，高等教育与科学技术的分离是一个信号，表明现政府没有完全理解高等教育对经济发展的价值，也表明高等教育不再是新教育部的优先事项。

这里展现了一个非常有趣的进展和倒退的反复现象，这种情况常与非洲政权更迭有关。精英的相互渗透意味着在国家的不同领域之间没有适当的界限；换言之，当政治领导权发生变化时，它直接影响到大学等机构领导权的变化。这与拥有更多精英群体的更为稳定的民主国家形成鲜明对比，比如英国，从工党执政转变为自由民主党或保守党联盟执政，对牛津大学领导层的遴选没有直接影响。

似乎在政府和爱德华·蒙德拉内大学领导层正准备开始订立关于高级技能和知识生产作为发展的关键组成部分的重要"公约"之际，莫桑比克在领导和改革方向上发生了变化。新方向可以被描述为与知识经济相关的高等教育大众化尝试。这种大众化改革方向认为，扩大招生，特别是通过高等教育分化，即使质量低下，也能改善技能基础和促进公平。高等教育大众化还为政府提供了更多的高等教育回报机会，并且被认为极大地促进了教育公平。

然而，与全球化和知识经济相关的高等教育机构的分化既鼓励了高端研究和创新大学的产生，也鼓励了系列院校（例如，美国是从哈佛大学，到州立大学，再到社区学院）产生了不同水平和类型的技能专业。莫桑比克的例子似乎正朝着另一个方向发展，即高等教育对社会流动和政治投票至关重要。因此，尽管似乎存在公约，即高等教育对经济发展很重要，但莫桑比克各方面在促进经济发展的高等教育体系应该是什么样子的问题上存在着很大的分歧。

影响大学促进经济发展的能力的因素是什么？

影响大学为经济发展做出贡献的能力的第一个因素是缺乏公约或改革性公约。从20世纪90年代末到21世纪，莫桑比克似乎有人试图在议程上提出这样的设想，即知识，特别是科学和技术对经济发展是重要的。

在莫桑比克政府、各部委的重组、大学领导层和资助者的协调合作方面存在着相当大的联系。

2000年8月，莫桑比克完成了《莫桑比克高等教育战略规划（2000—2010年）》〔*The Strategic Plan for Higher Education in Mozambique（2000—2010）*〕，该规划是经过由主要利益相关者和各省代表参与的广泛咨询过程而制定的。随后，莫桑比克成立了高等教育、科学和技术部，此部门领导了《战略规划》构想的最后阶段，并成为内阁、世界银行和SIDA等主要资助者批准的《行动规划》（*Operational Plan*）制定过程中的重要推动力。这并不意味着学者们已经接受了这一新的方向，但至少似乎在国家和大学领导层之间建立"公约"已经取得了相当大的进展。

换言之，爱德华·蒙德拉内大学对经济发展做出更大贡献的若干条件已经具备，但后来情况发生了变化。2004年，莫桑比克的总统和议会选举改变了国家、部委和大学领导层的领导地位。公共和私营部门大规模扩张的新方向代表了对大学角色的不同认知，在本研究进行时，爱德华·蒙德拉内大学内部似乎存在着相当大的争议。

在爱德华·蒙德拉内大学内部，削弱学术核心的关键因素似乎是其SET类专业和其他专业的低毕业率、低研究生占比，以及少博士生和科研论文产量。这意味着爱德华·蒙德拉内大学还没有准备好必要的政策和资源分配，以充实知识对经济发展做出更大贡献的认知。爱德华·蒙德拉内大学的积极发展是它开始扩大硕士招生人数。

爱德华·蒙德拉内大学在强化连通性和知识方面的积极进展是强化了捐助者供资的协调性和制度化。捐助者协调办的设立和增加学术核心发展项目的数量都是加强和使发展项目更具可持续性的积极努力的例子。至于爱德华·蒙德拉内大学拥有博士学位的人数少和科研论文产出低的情况，我们可以归结于许多原因，如，爱德华·蒙德拉内大学在这方面的起点低以及培养知识能力需要时间等。

最后，由于莫桑比克没有形成公约，政府、捐助者和大学之间就没有形成协调的三角关系。爱德华·蒙德拉内大学和捐助机构不能单独为经济发展做出有意义、可持续的贡献，捐助者也不能发挥替代国家的作用，因为它们没有资源对经济发展做出可持续的贡献。

第六节　南非和纳尔逊·曼德拉城市大学

一、南非高等教育与经济发展背景

南非在实现皮莱提出的高等教育与经济发展之间有效和高产的关系的先决条件方面（Pillay，2010b）取得了哪些成就？

中小学教育质量：南非的小学和中学的入学率相对较高。2006年，南非初等教育的净入学率为88%，但仍比普及初等教育略低（UNESCO，2009）。2006年，南非中学净入学率约为65%，仍然有很大的改善余地。

然而，教育质量仍然是南非面临的最大挑战。通过南部非洲和东部非洲教育质量监测联合会（Southern and Eastern Africa Consortium for Monitoring Educational Quality，SACMEQ）对阅读和数学成绩的分析，我们可以了解南非教育的教学质量。在2005年进行的SACMEQ II中，南非在14个南部非洲和东非国家中名列第8位（排在博茨瓦纳、肯尼亚、毛里求斯、莫桑比克、塞舌尔、斯威士兰和坦桑尼亚之后），在数学方面名列第9位（排在前面列出的7个国家和乌干达之后）。

南非社会的不平等也反映在社会经济地位和地区教育成果上。除莱索托外（数学），在参加SACMEQ II的国家中，每个国家社会经济地位高的学生的成绩高于其社会经济地位低的学生。另一个令人关切的问题是，许多国家的比分差距很大。

在阅读成绩上，社会经济地位高的学生与社会经济地位低的学生的成绩差异从5分到103分不等。在这方面，南非是最严重的，相差103分。在数学成绩上，差距从-4分到78分不等，南非再次成为成绩差距最严重的国家。

经济和教育规划：南非在政策文件中反映了对经济和教育规划的认真承诺。然而，几乎没有证据表明这种规划实际上正在进行。尽管这些政策已经到位，必要的机构也已经成立，但几乎没有证据表明南非在经济发展和教育以及高等教育部门之间进行了有效的规划。

国家的作用：国家在筹资方面发挥着重要作用。国家政策文件强调高等教育在发展中的广泛作用，特别是在知识经济进一步发展中的作用。

伙伴关系：总的来说，没有证据表明南非国家、大学和私营部门之间存在伙伴关系。

大学分化：在理论上，南非的大学是存在分化的。然而，在实践中，它们似乎都渴望在教学和研究方面达到同样的目标。在另一个层面上，第三产业需要扩大，使大学发挥更广泛的作用。

质量：南非的整个教育系统的质量出现了严重的问题。在高等教育部门中，优秀大学与劣质大学共存。在世界经济论坛的全球竞争力指数和全球创新指数中，南非低质量的调查结果最为突出。

供资：从非洲的角度来看，南非国家对高等教育的供资相对较多，但考虑到需求程度以及增加教育机会和增进公平的必要性，南非需要更多的资金。此外，虽然南非过去十年的总体预算有所增加，但每名学生的政府补贴有所下降。

创新：在非洲，南非在国际创新指标方面表现非常好。然而，这是因为小部分高度发达的社会组成部分能够充分参与知识经济。南非必须扩大招生，改善公平和质量，以确保知识经济进一步扩大，这一点至关重要。

二、南非高等教育的作用的公约证据

表35列出了南非对知识、大学在国家和大学政策和规划中的作用的指标评级。

表35　知识和大学在南非发展中的作用

国家评分=4／6			
国家发展规划中的知识经济概念	3强 出现在许多政策文件中	2弱 仅在一项政策文件中提及	1缺失 根本没有提及
高等教育在国家发展政策和规划中的作用	3普遍 在发展政策中明确提及	2弱	1缺失
大学评分=3／6			
院校政策与规划中的知识经济概念	3 战略规划或研究政策战略中有突出强调	2 战略规划或研究政策中有模糊提及	1 根本没有提及
关于大学在经济发展中的作用的院校政策	3 有专门的院校政策	2 嵌入战略规划和研究政策等文件中	1 没有正式的政策

研究发现

◎南非国家层面对国家和大学的发展模式和高等教育在经济发展中的作用缺乏明确、一致的规定。

◎南非在历史上依赖矿物开采，因此它是资源型经济体，它既没有接受知识是发展的关键，也没有接受高等教育是发展的关键。

◎在知识经济的背景下，大学与培训相结合的"超级部（Super Ministry）"的形成是前所未有的。这表明政府是从传统的非洲解放后

的角度看待大学，即培养专业人员和向上流动（新精英的形成）。

◎人们越来越认识到知识经济手段的重要性，特别是科学和技术部，但教育部没有这样的认识。在纳尔逊·曼德拉城市大学内部，除了特定的专业领域（科学领域）外，令人惊讶的是其他领域并不存在对知识经济手段重要性的认识。

知识和大学在经济发展中的作用的认知

表36总结了国家和大学利益相关者对高等教育作用的认知，并说明这一认知是强烈、普遍、仅存在或完全不存在。

在南非的国家层面，各部门对大学作用的认知各不相同，高等教育和培训部重视劳动力市场培训和研究人员训练，科学和技术部大力强调研究和创新，《内阁工业政策行动计划》关注与部门优先事项相一致的技能和创新政策。这些不同的政府职位基本涵盖了知识和大学在发展中的作用的四个概念。一位资深的大学领导认为，姆贝基政府并不认为高等教育是宏观经济发展的中心，他的政府只是在即将结束执政时才断断续续地提出这个问题。现在，高等教育和培训部部长正把重点放在劳动力市场的培训上。

让人迷惑的是，政府主要利益相关者对高等教育的作用缺乏共识，这一点在纳尔逊·曼德拉城市大学内部得到了反映，甚至有所放大。一位大学校长的雄辩演说值得在此重复：

> 纳尔逊·曼德拉城市大学正处于一个转折点上，一些矛盾的紧张关系写入了大学章程中。一方面，这些人是企业家和学者；另一方面，这些人是保守的，同时也是激进的，是传统的，同时又是具有前瞻性的，他们必须服务于长期的知识市场，满足基本的研究要求，从事可能产生影响的功能研究和此时此刻的应用研究。我们希望他们培养的学生能够成功就业，但他们无法控制这些产品一旦生产后会发生什么。

他的结论是，对于南非高等教育的作用，没有一种单一的、占主导地位的观点，每所大学都有效地制定了自己的规则。

各大学的受访者对纳尔逊·曼德拉城市大学在发展方面的作用的看法非常不同。一位受访者认为，目前的要求需要政治上的权衡，在最糟糕的情况下，这可能导致大学被视为奢侈品，最多只能说大学是为劳动力市场提供技能的机构。其他观点包括，大学对发展的真正贡献是扩大研究人员队伍、技术开发和转让，以及刺激大学附近的经济活动。还有人认为，将大学与经济发展联系起来是反复出现的时尚。令人不意外的是，采访中的大部分讨论都是关于这所新合并的综合性大学的内部斗争。

从表36可以看出，在纳尔逊·曼德拉城市大学，总体上没有占上风的观点。相反，系列争议观点代表了高等教育角色的四种认知。来自前一所大学的人们似乎更倾向于高等教育自治和引擎的观点，而来自后一所大学的员工则更倾向于高等教育扮演工具性的角色。辅助概念也得到了一些支持，尽管表达得不那么强烈。最后，有两件事很突出：首先，每个人都敏锐地意识到关于综合大学的特性及其在发展方面可能发挥的作用的争议；第二，大学内部绝对没有达成任何协议。

表36　南非国家和大学对高等教育作用的认知比较

概念	国家利益相关者		大学利益相关者	
辅助	○	官方缺失，但经常表达	◎	大学是经济发展的关键
自我管理	☆	对于自治的认知模糊	◎	在一些高级学者中存在，但在管理层中不存在
发展议程的工具	☆	觉得大学做得不够	◎	部分员工具有强烈的服务导向
发展引擎	◎	主要出现在一些新的教育政策中	◎	日益重视其重要性

注：☆代表认知强烈；◎代表认知存在；○代表认知缺失。

> 研究发现

◎关于大学在发展中的作用的认知，在国家层面，自治和工具性作用之间存在着尚未解决的紧张关系。这反映了大学自主性和参与性或反应性之间的紧张关系。

◎在大学层面，三所对高等教育机构的作用有不同认知的院校合并，显然是大学利益相关者缺乏解决办法。

◎南非在国家和大学层面上都没有就大学在发展中的作用达成一致意见。令人非常惊讶的是大学领导对知识经济手段的支持如此之低。

三、纳尔逊·曼德拉城市大学的学术核心

案例研究报告中对大学学术核心的分析是根据七个关键指标的评级进行的。评级所依据的数据包含在详细的案例研究报告中。[①]七项指标及其评级见表37。

表37　纳尔逊·曼德拉城市大学学术核心评级

	指标	等级（强／中／弱）*
1	SET类专业的招生人数和毕业人数	2007年SET类专业招生人数比例为31%，但仅60%的SET类专业学生有望如期毕业
2	研究生／本科生招生比例 硕士生／博士生招生比例	在2001年和2007年，研究生人数占比均维持在11%的低水平，但是硕士生和博士生的招生人数在增长，硕、博招生人数比为6∶1，令人满意
3	教学工作量：生师比	2007年，总生师比为28∶1，SET类专业生师比23∶1，均令人不满意
4	有博士学位的科研人员的比例	34%的终身学术人员具有博士学位，达到南非的平均水平（2007年）
5	终身学术人员的平均科研经费**	PPP$12300，适中

① 南非和纳尔逊·曼德拉城市大学的案例研究报告参见 www.chet.org.za。

续　表

指标		等级（强／中／弱）*
6	博士毕业生	2001年至2007年博士毕业生构成了终身学术人员的5.5%
7	科研论文	2007年完成了科研论文目标的60%

注：■ 强；▨ 中；□ 弱。

*有关学术核心评级类别的详细说明，请参见附录F。

**研究经费数据来自纳尔逊·曼德拉城市大学2007年的官方经费报表。

关于纳尔逊·曼德拉城市大学的学术核心数据，我们可得出以下观察结果：

1. SET类专业招生人数：纳尔逊·曼德拉城市大学的SET类专业入学人数从2001年的5900人增加到2007年的7400人，年平均增长率为3.7%。由于教师教育专业招生人数的急剧下降，纳尔逊·曼德拉城市大学的SET类专业招生人数从2001年的18%上升到2007年的31%。不过，该SET类专业的毕业率在此期间有所下降，仅有60%左右的学生有望如期拿到学历和学位。

2. 研究生招生人数：2001年和2007年，纳尔逊·曼德拉城市大学的研究生招生人数占比均为11%。然而，硕士招生人数确实从2001年的1100人增长到2007年的1332人，平均每年增长3.2%。虽然硕士毕业率低于南非大学的目标，但还令人满意。博士入学人数约翻了一番，从2001年的175人增加到2007年的327人。2007年，博士入学人数占硕士总人数的20%。这意味着应该有一批硕士毕业生进入了博士阶段的学习。

3. 教学工作量：2001年至2007年，纳尔逊·曼德拉城市大学全时当量教工以全时当量学生的两倍速度增长。其结果是全时当量学生与全时当量教工的平均比例从2001年的31∶1下降到2007年的28∶1。2007年，纳尔逊·曼德拉城市大学SET类专业的生师比为23∶1，以南非的标准衡量这个比率是很高的。纳尔逊·曼德拉城市大学的教工似乎有沉重的教学负担，这可能使他们难以从事研究活动。

4. 工作人员的资格：2007年，纳尔逊·曼德拉城市大学34%的终身学术人员的最高学位为博士学位。这一比例接近南非大学的平均水平，但低于研究型大学的比例。

5. 研究经费：2007年，纳尔逊·曼德拉城市大学每名终身学术工作人员的研究经费为12300美元（或7600美元）。这是一个合理的数额，但低于南非研究型大学可获得的数额。

6. 博士毕业生：博士毕业生从2001年的27人增加到2007年的35人，增幅非常小，仅为4.4%。这并没有反映出博士招生人数的大幅增长，博士招生人数从2001年的175人增加到2007年的327人，增长了近100%。这种强劲的增长也没有反映在产出上，而且考虑到硕士招生人数在同一时期从1100人增加到1332人（8%），这也相当令人惊讶。

7. 科研论文：就科研论文而言，纳尔逊·曼德拉城市大学的产出为中等。其2007年终身学术人员的人均科研论文为0.34篇，低于南非研究型大学0.50篇的目标。

因此，纳尔逊·曼德拉城市大学实际上是一个本科教学机构，但它正在向SET和商业管理方向发生强有力的转变。这意味着一种强有力的工具导向，而该大学的知识生产能力（教员和学生中博士生的比例越来越高，科研论文也越来越多）并没有将其定位为一所强大的自治大学，也不会成为一个国家经济发展的引擎。

研究发现

◎纳尔逊·曼德拉城市大学在学术核心的知识生产产出指标上似乎不够强大，不足以使其对经济发展做出持续的贡献。

◎这所大学并没有明显地从以本科为主的教学机构发生转变。然而，它正在从以人文社会学科为主的本科教学机构转变为SET和商业研究机构。从这个意义上说，它正在向内罗毕大学和毛里求斯大学等其他一些非洲大学靠拢。

◎在投入指标方面，纳尔逊·曼德拉城市大学在研究生招生人数、生师比、拥有博士学位的教员和研究收入方面的得分与其他样本学校相比处于中等水平。

◎在产出方面，纳尔逊·曼德拉城市大学在博士毕业生和研究产出方面的得分均为中等，但与开普敦大学等院校相比，两者的得分都非常低。

◎加强学术核心的最严峻挑战似乎是提高拥有博士学位的工作人员比例、博士毕业率和研究产出。

四、协调性和连通性

知识政策的协调和执行

表38列出了南非国家层面知识政策协调的评级。正如早先所强调的那样，南非在所有部门，特别是在经济发展和教育部门编制了大量的政策文件。此外，国家还建立了协调政策的系列机构和机制，包括国家层面的部委和组织（经济和社会部门）、部际管理和执行委员会（部长和特定部门执行委员会的省际成员）以及包括所有领域的预算机构。此外，《中期战略框架》是非常重要的文件，它确定了实现中期目标和发挥政府作用所需的优先事项，并包含了贯穿各领域的政策。

然而，南非政府面临的最大挑战是政策的协调和有效执行。例如，高等教育和培训部（Department of Higher Education and Training，DHET）与科学技术部（Department of Science and Technology，DST）之间似乎没有进行任何合作，以确保它们各自在促进知识生产方面取得进展。而且，尽管DST拥有世界一流的研究和创新政策，但DHET甚至没有像《1997年白皮书》中承诺的那样制订研究计划。相反，DHET的方向是将高等教育与劳动力市场联系起来，正如它成立时所反映的那样。然而，在非洲其他地区（例如肯尼亚和毛里求斯）和世界上许多其他国家，高等教育是与科学技术融合在一起的。

纳尔逊·曼德拉城市大学的一位高级学者断言，教育部支持经济发展不仅是个人想象力的体现，而且教育部和国家研究基金会（National Research Foundation）的资助政策也被视为是反经济发展的。例如，该部已停止资助专利，基金会只支持小规模的个别项目，从而鼓励了项目化（projectisation），而不是大规模的发展项目或方案。

如果国家教育部门没有太多的指示，那么地方政府当然也就没有提供太多的投入。这在一定程度上是因为大部分地方政府能力很弱，就像是东开普省政府，它只是为了团结而斗争，而高层领导人中存在着相当大的政治不稳定性。此外，大学往往被视为是深奥的领域，建设大学仅仅是国家政府的能力，而不是地方政府的能力。

表38　南非国家层面的知识政策协调

国家评分=6／9		
经济发展与高等教育规划相互联系	3 系统联系 由高级部长领导的正规机构	2 零星联系 集群／论坛	1 微弱联系 临时会议
大学与国家机构之间存在联系	3 具体协调机制或机构	2 有一些正规机构，但没有从事有意义的协调	1 没有机构，有政治网络但不是专业网络
参与高等教育的政府机构的协调和建设共识	3 高等教育被纳入政府主流部门	2 与无效论坛的间歇性互动	1 高等教育问题主要局限于一个部委或厅局

研究发现

◎在国家层面，南非开展了大量的协调活动，包括国家教育部的改组和集群。然而，各部门之间在历史上不协调，特别是高等教育部门和科学技术部门。

◎虽然政府官员和一些大学领导人之间可能存在个人网络，但这些网络似乎无助于该部门，因为它们往往更倾向于政治优势，而不是生产性优势，这是非洲国家普遍存在的问题。

◎与其他七个国家的情况一样，南非设有高等教育理事会，可以帮助加强国家治理能力，但它正在进行"角色重新界定"。

表39总结了与国家和大学两级执行知识政策和活动有关的指标的评级。

表39　南非知识政策和活动的执行情况

国家评分=11／12		
高等教育主管部门的作用	3 有能力做出可预测资源配置的有组织的部委	2 有些管理工具和职能部门	1 微弱的能力，不能配置资源
使高等教育向促进经济发展转变的职能实施	3强 手段，例如：资助，激励大学／个人的具体项目	2弱 特殊项目的临时拨款	1缺失 没有特殊的激励资助
大学收入来源的差额／比例	3 政府拨款、学费和第三方收入	2 主要是政府拨款和学费	1 主要是政府拨款和外来资助
资助的可持续性	3 以所有相关行为者商定的标准为基础的稳定、透明的公共筹资机制	2 资金分配多少是可预测的，但不考虑长期规划，也不奖励进取行为	1 政府没有明确的资金或激励措施
大学评分=13／18		
与经济发展有关的具体单位、供资或岗位	3 具体的单位、供资或岗位	2 单位或岗位的经济发展举措	1 主要是由工作人员发起的临时行动
与发展有关的活动的奖励和激励	3 激励措施有利于晋升	2 有一些信号，但主要是言辞上的	1 没有提及
与劳动力市场有关的教学项目	3 与经济高度相关的专业的招生目标	2 针对具体产业需求的一些项目	1 没有与劳动力市场挂钩的新项目
将学生与经济发展联系起来的具体项目	3 创业、基于工作的学习和／或主流化的学生孵化器	2 特设项目	1 没有具体项目
越来越注重经济发展的研究活动	3 研究政策、战略注重经济发展	2 某些研究计划注重经济发展	1 特设项目资助
政府和大学的科研经费水平	3 高	2 中	1 低

研究发现

◎南非在国家层面的弱点之一是执行。虽然南非确实有指导工具和机制，但在发展手段和模式方面没有国家级的人力资源规划。

◎尽管纳尔逊·曼德拉城市大学确实有与经济发展有关的机构和具体项目能够将大学与发展倡议联系起来，但问题是，在许多情况下这些倡议是由个人推动的，而不是制度化的。此外，这些特别的执行工作需要更多的联系。

◎尽管南非的政策（主要是通过主题）强调了与经济发展活动有关的研究的重要性，但与经济发展有关的研究并没有通过传统学术晋升制度以外的措施得到奖励。

纳尔逊·曼德拉城市大学与外部利益相关者和学术核心的联系

我们可以认为与纳尔逊·曼德拉城市大学发展有关的许多活动都在社会服务（engagement）的范围内。然而，人们对究竟什么是"社会服务"充满争议，就像对什么是大学的争议一样，当然这两个问题是相互关联的。此外，虽然纳尔逊·曼德拉城市大学有鼓励工作人员从事创新的激励措施，但没有鼓励其他类型的社会服务活动的措施，在资金支持方面，社会服务被视为害群之马（black sheep）。

尽管南非没有正式协调大学与工业和商业的联系，但这些联系似乎在个别单位、部门和某些院系的层面上表现很强，本研究报告和纳尔逊·曼德拉城市大学《2008年自我评价报告》中强调的与发展有关的项目／中心就证明了这一点。然而，一位大学领导人断言，虽然该大学与特定的公司有关系，但总的来说在大学层面，它与企业存在很少的合作伙伴关系。

因此，与国家层面的情况不同，大学似乎有各种各样的活动和大量的项目，但这些活动大多是不进行协调的。纳尔逊·曼德拉城市大学没有真正弄清它们是如何进入大学的，也尚未确定它们在经济发展中的作用。

关于与经济发展有关的活动与学术核心的联系，图9列出了适用于六个项目／中心的"联系"和"学术核心"评级。

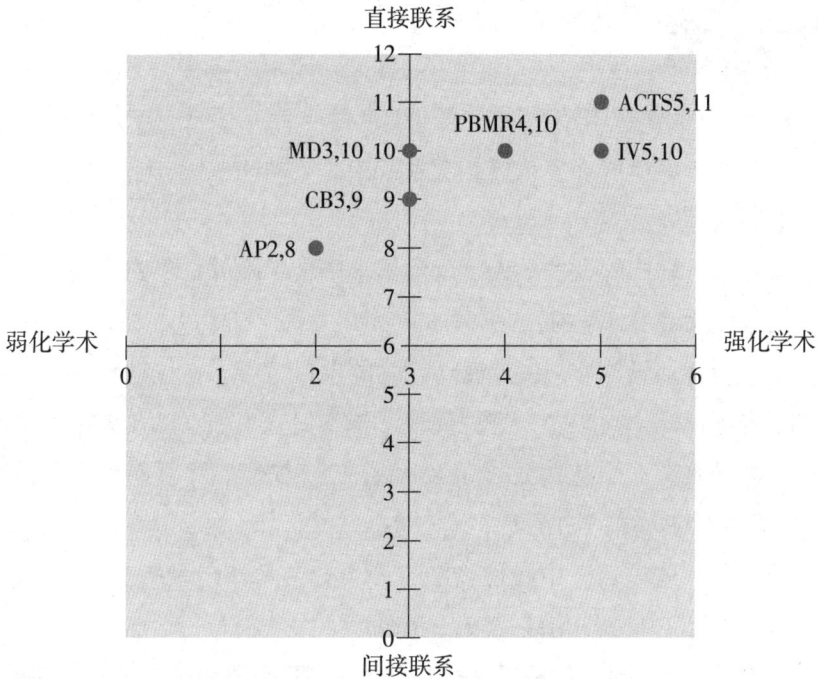

图9　纳尔逊·曼德拉城市大学发展项目／中心图解

注：

缩写	项目／中心
ACTS	汽车零部件技术站（Automotive Components Technology Station，ACTS）
IV	NMMU 化学工艺研究所和下游化学工艺站（InnoVenton：NMMU Institute for Chemical Technology and Downstream Chemicals Technology Station）
PBMR	球床模块化反应器项目（Pebble Bed Modular Reactor Projec，PBMR）
AP	东伦敦工业开发区的农业加工研究中心（Agro-Processing Study for the East London Industrial Development Zone）
MD	Govan Mbeki Sasol 数学发展项目（Govan Mbeki Sasol Mathematics Development Programme）
CB	IlingeLomama 面包店合作项目（IlingeLomama Cooperative Bakery Project）

研究发现

◎虽然有证据表明纳尔逊·曼德拉城市大学与工业界或私营部门之间存在联系，但一般都承认这是院系或中心层面的伙伴关系，而不是大学层面的伙伴关系。

◎与本研究中的大多数大学（毛里求斯大学除外）不同，纳尔逊·曼德拉城市大学参与了与工业有关的广泛的研发咨询。

◎被大学领导认为与发展密切相关的项目／中心往往在"联系"指标方面得分很高，换言之，它们反映了国家优先事项（以及大学目标中的一小部分）有一个及以上的资金来源，在某些情况下还有促进可持续发展的计划，并可能与执行机构有联系。

◎其中一些项目／中心还设法与大学的学术核心保持牢固的联系，而另一些项目／中心则与核心知识活动脱节。

◎南非有一些典型的发展项目／中心，但问题是其规模根本不够，有些似乎过分依赖特殊的个人。

五、南非和纳尔逊·曼德拉城市大学案例研究的概括评述

在非洲，南非在国际创新指标方面表现非常好。在我们的样本中，除了创新、优秀的科学研究基金机构（南非排在世界第二十九位）以及大学与企业在创新领域的合作之外，只有毛里求斯在世界银行知识经济指数上表现突出。因此，南非为研究和创新建立了一个非常强大的机构，尽管它是一个非常小的部门，只有精挑细选的、高度发达的社会组织才能够参与（毛里求斯在人类发展指数评级和公平方面远远超过南非）。

南非在国家层面出现了非常复杂的情况。从著名的重建和发展方案开始，共有七份主要政策文件涉及经济发展，这些政策文件也或多或少地涉及人力资本发展（改善学校教育、培养特殊技能、增强以工作为基础的培训等）。然而，这些措施都没有强有力地把知识经济作为经济的驱动因素。《人力资源开发战

略》（2009年）列出了南非十五项战略优先事项中的最后三项，即在知识和人力资本存量方面，南非必须排在可比国家的前10%。真正面向全球的科技研究、创新和人力资源开发的是南非科学和技术部，这意味着南非必须从资源型经济转变为知识经济。在这方面，四个相互关联的支柱是创新、经济和制度性基础设施、信息技术与教育。这些资料直接来自世界银行的知识经济指数。

　　然而如上所述，尽管政府部门之间以及政府与大学之间有确保协调和执行的机构和机制，但这并没有发生。政策协调需要就知识和高等教育在经济发展中的作用达成一致意见。在南非，这两者都没有达到。正如成功举办足球世界杯所显示的那样，南非的资源和能力并没有像非洲大陆其他地区那样成为巨大的制约因素。新南非第一次就一个目标达成协议，它调动了各种各样的资源来实现这一目标，同时对进展进行了有益的严格监测。

　　然而，关于高等教育，在没有达成协议的情况下，存在着相互矛盾的观点。不同的政策和一系列的访谈表明人们对大学在经济发展中的作用存在着广泛的分歧。一些受访者甚至质疑该大学是否能发挥更多的辅助作用。没有缔结公约可能是造成上文所述的普遍缺乏协调和执行的原因之一。

　　一个主要的问题似乎是，尽管社会上对教育的重要性有广泛的共识，但教育仅被视为提高个人素质的关键流动机制。这是对公平的高度重视，同时意味着教育主要是为了社会流动和促进公平。令人遗憾的是，正如所有统计数字所显示的那样，南非的教育系统（特别是中学后教育）还没有兑现这一承诺，只有少数人例外。

　　影响大学促进经济发展的能力的因素是什么？

　　在投入指标方面，纳尔逊·曼德拉城市大学教工的教学工作量可能使其难以从事研究活动。另一个问题是，尽管硕士和博士的入学人数有所增加，但纳尔逊·曼德拉城市大学的研究生比例仍然很低。还有一个问题是该大学拥有博士学位的学术人员比例低于研究型大学拥有博士学位的学术人员的比例。在产出指标方面，例如科研论文的产出和科研论文加毕业研究生的加权产出，纳尔逊·曼德拉城市大学的业绩低于政府为南非大学设定的目标。削弱纳尔逊·曼德拉城市大学学术核心的关键因素似乎是：（a）研究生比例低；（b）学生与教工的比例高（特别是SET类专业）；（c）研究型学位毕业生的产出适中；（d）

相较于南非所有大学的目标，科研论文的产出低。纳尔逊·曼德拉城市大学的积极发展使其硕士招生人数和博士招生人数正在增长，这为南非未来的研究项目奠定了基础。

一个相关的问题是纳尔逊·曼德拉城市大学因其有争议的身份而成为矛盾体，这意味着它很难分配资源来加强学术核心。在评估与发展有关的项目／中心时，部分项目／中心的情况反映了这一点，其中两个中心大量从事多种工业咨询项目，这在一定程度上解释了它们强大的"联系"评级。这两个项目的另一个有趣之处在于，尽管以咨询为重点，但它们也为强化大学的学术核心做出了重大贡献。

短期咨询项目和另外两项以社会服务为特色的活动，它们在清晰度连通性评分上得分相当高，这或许并不令人惊讶。然而，这些类型的项目通过让学术人员远离其核心职能来削弱学术核心。虽然可以说，在大学的工具主义概念方面，削弱学术核心的项目对发展做出了贡献，但在我们的分析框架内，这不是一个可持续的立场，不能加强大学的长期贡献。

总之，我们为什么不回顾一下伯顿·克拉克的研究呢（Burton Clark，1983）？2011 年，高等教育研究人员联合会（Consortium of Higher Education Researchers，CHER）为他举行了纪念主题会议。大约二十年前，克拉克对综合性大学有如下看法：

> 一些国家的现代综合性大学正在尝试双管齐下的努力，它既考虑到主要部分的分化，同时又赋予形式上的平等，希望能减少个体差异。但这种形式似乎并不稳定，特别是在大型系统中，因为更有声望的部分会抵制将所有人混为一谈，抵制专注的公众，同时内部人士感知到真正的差异，并对差异部分赋予不同的价值……由于意大利体制内的人一直在痛苦地摸索，国有化的公立大学本身不可能像异构的职能日益要求的那样，在许多方向上走弯路。它不能很好地适应新型的学生、劳动力市场的新联系以及新的学术领域，特别是当它们被视为地位较低时……大学变得负担过重，面临着资源和注意力集中于其传统活动的损失。然后每个人都会觉得陷入了困难的境地，导致持续的危机。

第七节　坦桑尼亚和达累斯萨拉姆大学

一、坦桑尼亚高等教育和经济发展背景

坦桑尼亚在实现皮莱提出的高等教育与经济发展之间有效和高产的关系的先决条件方面（Pillay，2010b）取得了哪些成就？

中小学教育质量：尽管没有统计数据，但有证据表明坦桑尼亚中学的入学率极低，但坦桑尼亚的小学入学率和公平性（在性别方面）已经达到了值得赞扬的水平。然而，能够进入中学学习的小学毕业生比例极低，主要原因是公共投资水平低。有证据表明坦桑尼亚初等教育系统是相对有效的。坦桑尼亚留级率很低，2006年，小学最后一年级的在读率为83%（撒哈拉以南非洲国家平均为67%，发展中国家为81%）（UNESCO，2009）。

经济和教育规划：尽管坦桑尼亚认识到经济发展与教育，特别是高等教育之间的联系，但坦桑尼亚没有对经济和教育规划做出任何重大承诺。例如，《坦桑尼亚2025年发展愿景》承认高等教育在经济发展所需关键人力资源方面的作用。

国家的作用：国家在筹资以及鼓励私营部门提供高等教育方面发挥着重要作用。事实上，与该区域其他国家相比，坦桑尼亚的国家供资相对较高。然而，国家预算的重要组成部分，包括高等教育的预算都依赖于捐助者的资助。

伙伴关系：总的来说，没有证据表明坦桑尼亚的国家、大学和私营部门之间存在伙伴关系。

院校分化：几乎没有证据表明坦桑尼亚的大学之间存在差异。

质量：世界经济论坛对坦桑尼亚教育系统的质量提出了很高的要求。然而，该国只在儿童阅读能力和数学能力的区域测试中表现相对较好。在2005年的SACMEQ评估中，坦桑尼亚的阅读能力表现优于东部和南部非洲国家肯尼亚和塞舌尔，数学能力表现优于肯尼亚、毛里求斯、莫桑比克和塞舌尔。在教育机会和质量方面，坦桑尼亚似乎已经形成了一个相对成功的初等教育系统，但未能在数量或质量上超过这一水平。

供资：坦桑尼亚国家层面对高等教育的供资在区域方面相对较多，但不清楚产出和成果是否与投资水平相称。

创新：在本研究进行时，在研究和创新方面，坦桑尼亚既没有对大学也没有对私营部门进行足够的投资。研发投入仅接近GDP的0.2%，远低于发展中国家1%的基准。

二、坦桑尼亚高等教育的作用的公约证据

坦桑尼亚对知识、大学在国家和大学政策和计划中的作用的指标评级见表40。

在国家层面，坦桑尼亚日益意识到能力发展的重要性。在《2025年愿景》的"发展思维和文化赋权（Developmental Mindset and Empowering Culture）"目标中，关键因素包括广义的人类发展战略、学习型社会和作为战略变革的推动者的教育。这反映出坦桑尼亚在国家发展规划中对知识经济概念的积极评价，以及高等教育在国家政策和计划中对发展的作用。然而，《2025年愿景》也提到了实现这一目标的四大障碍，包括依赖捐助者、经济管理能力低下、良政失败和"执行不力综合征"。在教育部能力建设和系统指导两个指标上的低评级也反映了这些问题。总之，在国家层面，坦桑尼亚越来越认识到知识经济的重要性，但没有相应地分配政策、资源和奖励措施。此外，高等教育系统分化不够，入学率很低。

在达累斯萨拉姆大学，大学利益相关者对大学在经济发展中所起的作用有强烈的看法。然而，这一作用尚未明确，也没有在体制政策或机构（主要是临时工作人员倡议）中得到有力反映。在大学领导中，知识经济的概念是相当缺乏的，但有一种更集中的尝试是将研究与经济发展联系起来。达累斯萨拉姆大学在教学项目与劳动力市场联系方面相当强调企业家精神，但没有系统、全大学范围地与企业进行联系。在发展援助的推动下，《千年发展目标》产生了重大影响，这些活动日益制度化。

表40　知识和大学在坦桑尼亚发展中的作用

国家评级=5／6			
国家发展规划中的知识经济概念	3强出现在许多政策文件中	2弱仅在一项政策文件中提及	1缺失根本没有提及
高等教育在国家发展政策和规划中的作用	3普遍在发展政策中明确提及	2弱	1缺失
大学评分=3／6			
院校政策与规划中的知识经济概念	3战略规划或研究政策战略中有突出强调	2战略规划或研究政策中有模糊提及	1根本没有提及
关于大学在经济发展中的作用的院校政策	3有专门的院校政策	2嵌入战略规划和研究政策等文件中	1没有正式的政策

研究发现

◎在坦桑尼亚国家层面，知识经济的重要性很弱，但高等教育的重要性在国家政策声明中得到了强烈反映。

◎相反，坦桑尼亚的大学层面只含糊地提到知识经济，没有关于大学在发展中的作用的正式政策。

◎坦桑尼亚没有达成广泛一致的意见，即知识和高等教育是经济发展的关键。

知识和大学在经济发展中的作用的认知

表41总结了国家和大学利益相关者对高等教育作用的认知，并说明这一认知是强烈、普遍、仅存在或完全不存在。

表41　坦桑尼亚国家和大学对高等教育作用的认知比较

概念	国家利益相关者		大学利益相关者	
辅助	☆	官方缺失，但经常表达	◎	大学是经济发展的关键
自我管理	○	对于自治的认知模糊	◎	在一些高级学者中存在，但在管理层中不存在
发展议程的工具	☆	觉得大学做得不够	☆	部分员工具有强烈的服务导向
发展引擎	◎	主要出现在一些新的教育政策中	○	日益重视其重要性

注：☆代表认知强烈；◎代表认知存在；○代表认知缺失。

研究发现

◎关于大学在经济发展中的作用的认知，在国家层面，坦桑尼亚对大学的作用——作为附属机构和发展工具——存在着相当多的含糊不清的地方。

◎在大学层面，人们强烈地倾向于工具发展概念，对引擎发展概念的讨论非常薄弱。

◎坦桑尼亚在国家和大学两个层面都没有就大学在经济发展中的作用达成一致意见。令人非常惊讶的是，大学领导对知识经济发展的支持力度如此之低。

三、达累斯萨拉姆大学的学术核心

案例研究报告中对大学学术核心的分析是根据七个关键指标的评级进行的。评级所依据的数据包含在详细的案例研究报告中。[①]这七个指标及其评级见表42。

---

① 坦桑尼亚和达累斯萨拉姆大学的案例研究报告见www.chet.org.za。

表42　达累斯萨拉姆大学学术核心评级

	指标	等级（强／中／弱）*
1	SET类专业的招生人数和毕业人数	SET类专业招生人数比例为36%，毕业率较高
2	研究生／本科生招生比例 硕士生／博士生招生比例	2007年研究生人数占比为15%，但是博士生的招生人数较低
3	教学工作量：生师比	2007年，总生师比为14：1
4	有博士学位的科研人员的比例	50%的终身学术人员具有博士学位
5	终身学术人员的平均科研经费**	PPP$6400
6	博士毕业生	2007年博士毕业生占了终身学术人员的2.18%
7	科研论文	科研人员和研究生的人均学术论文产出为0.08篇，仅达到目标的33%

注：■ 强；▨ 中；□ 弱。

*有关学术核心评级类别的详细说明，请参见附录F。

**达累斯萨拉姆大学未提供关于研究经费的具体信息。所有捐助资金假定为研究经费。

我们观察达累斯萨拉姆大学的学术核心数据得到以下结论：

1. SET类专业招生人数：达累斯萨拉姆大学的SET类专业招生人数从2001年的4200人增加到2007年的6600人。这一时期的SET类专业招生人数平均年增长率为7.8%，仅为总招生人数增长率的一半。因此，SET类专业学生人数的比例从2001年的52%下降到2007年的36%。然而，达累斯萨拉姆大学的SET类专业学生的毕业率在此期间有所提高。

2. 研究生招生人数：达累斯萨拉姆大学研究生人数占其总招生人数的比例从2001年的9%增加到2007年的15%。这是因为硕士招生人数迅速增长，从2007年的552人增加到2007年的2165人。硕士毕业生人数没有以与硕士招生人数相同的速度增长。然而，硕士毕业率仍然令人满意。博士招生人数从2001年的54人增加到2007年的190人，但仍只占硕、博士生总人数的8%。这意味着硕士研究生进入博士学习的资金可能不够多，不足以维持强大的研究活动。在此期间，博士毕业率也一直很低。

3. 教学工作量：2001年至2007年，达累斯萨拉姆大学全时当量教职工总人数以低于全时当量学生人数年均增长速度的速度增长。不过，其全时当量学生与全时当量教职员工的比例还是不错的，从2001年的11∶1上升到2007年的14∶1。2007年，达累斯萨拉姆大学教工的教学工作量想必能使他们从事研究活动，包括对研究生的指导。

4. 工作人员的资格：2007年，达累斯萨拉姆大学50%的终身学术人员的最高正式学位为博士学位。这一比例与研究能力很强的南非大学的比例相当。

5. 研究经费：经计算的估计值表明，达累斯萨拉姆大学的研究经费可能不足以维持强大的研究活动。

6. 博士毕业生：达累斯萨拉姆大学博士毕业生从2001年的10人增加到2007年的20人，翻了一番，但基数很低。非常积极的发展是，同一时期博士入学人数增加了两倍。博士毕业生占终身学术人员的比例很低，仅为2.18%，这意味着达累斯萨拉姆大学在教师队伍培养上无法自给自足。

7. 研究产出：在科研论文方面，达累斯萨拉姆大学产出较低。2007年，其人均学术产出论文为0.08篇，远低于南非研究型大学0.50篇的目标。

在投入指标方面，达累斯萨拉姆大学的教学工作量应该能使其教工进行研究活动，其拥有博士学位的学术人员比例也很高。在产出指标方面，如科研论文和博士毕业生的产出表现令人不满意。削弱学术核心的关键因素似乎是：（a）SET类专业学生比例下降；（b）硕士和博士研究生比例低；（c）博士生人数相对较少；（d）博士毕业生产出低；（e）科研经费短缺；（e）科研论文产出低。积极的发展是，该大学的硕士招生人数正在迅速增长，这可能导致研究项目数量的增长。

研究发现

◎在学术核心的知识生产产出指标上，达累斯萨拉姆大学似乎不足以对经济发展做出可持续的贡献。

◎这所大学并没有明显地从以本科为主的教学机构发生转变。

◎在投入指标方面，达累斯萨拉姆大学在三个投入指标（SET类专业招生、教职工教学工作量和职工资格）上得分较高，但在知识产出指标（博士毕业率和研究产出）上得分较弱。

◎达累斯萨拉姆大学加强学术核心面临的最严峻的挑战似乎是将投入力度转化为产出的生产力。

四、协调性和连通性

知识政策的协调和执行

表43列出了坦桑尼亚国家层面知识政策协调的评级。"公约"中，不同利益相关者之间的正式联系或协调有限。具体而言，经济发展与部级高等教育规划之间没有真正的联系，高等教育问题仅限于一个部门。而且，虽然有正式机构将大学与国家政府联系起来，但两者之间不存在有意义的协调。总之，在国家层面，坦桑尼亚缺乏政策联系和协调，从而使执行工作难以实现。

表43 坦桑尼亚国家层面的知识政策协调

国家评分=4／9			
经济发展与高等教育规划相互联系	3系统联系 由高级部长领导的正规机构	2零星联系 集群／论坛	1微弱联系 临时会议
大学与国家机构之间存在联系	3 具体协调机制或机构	2 有一些正规机构，但没有从事有意义的协调	1 没有机构，有政治网络但不是专业网络
参与高等教育的政府机构的协调和共识建设	3 高等教育被纳入主流政府部门	2 与无效论坛的间歇性互动	1 高等教育问题主要局限于一个部委或厅局

研究发现

◎在国家层面，坦桑尼亚似乎有许多非正式的互动，但很少有制度化的协调过程。

◎虽然政府官员和特定的大学领导人之间存在着相当大的个人网络，但不清楚这是否有助于加强该机构或该部门的职能。

表44总结了与国家和大学两级执行知识政策和活动有关的指标的评级。

表44　坦桑尼亚知识政策和活动的执行情况

国家评分=7／12		
高等教育主管部门的作用	3 有能力做出可预测资源配置的有组织的部委	2 有些管理工具和职能部门	1 微弱的能力，不能配置资源
使高等教育向促进经济发展转变的职能实施	3强 手段，例如：资助、激励大学／个人的具体项目	2弱 特殊项目的临时拨款	1缺失 没有特殊的激励资助
大学收入来源的差额／比例	3 政府拨款、学费和第三方收入	2 主要是政府拨款和学费	1 主要是政府拨款和外来资助
资助的可持续性	3 以所有相关行为者商定的标准为基础的稳定、透明的公共筹资机制	2 资金分配多少是可预测的，但不考虑长期规划，也不奖励进取行为	1 政府没有明确的资金或激励措施
大学评分=10／18		
与经济发展有关的具体单位、供资或岗位	3 具体的单位、供资或岗位	2 单位或岗位的经济发展举措	1 主要是由工作人员发起的临时行动
与发展有关的活动的奖励和激励	3 激励措施有利于晋升	2 有一些信号，但主要是言辞上的	1 没有提及
与劳动力市场有关的教学项目	3 与经济高度相关的专业的招生目标	2 针对具体产业需求的一些项目	1 没有与劳动力市场挂钩的新项目

续　表

大学评分=10／18		
将学生与经济发展联系起来的具体项目	3 创业、基于工作的学习和／或主流化的学生孵化器	2 特设项目	1 没有具体项目
越来越注重经济发展的研究活动	3 研究政策、战略注重经济发展	2 某些研究计划注重经济发展	1 特设项目资助
政府和大学的科研经费水平	3 高	2 中	1 低

研究发现

◎在国家层面，坦桑尼亚教育部已经开始发展一些职能和给予指导，但这显然需要加强。

◎在大学层面，达累斯萨拉姆大学实施了在大学样本中最大的创业工作方案之一。然而，尽管该大学确实有与发展有关的机构和具体方案将其与发展倡议联系起来，但问题是在大多情况下，这些倡议是由个人推动的，而不是制度化的。此外，特别的执行工作需要有更多的联系。

◎达累斯萨拉姆大学在预算紧张的情况下，试图增加与发展活动有关的研究。然而，除了传统的学术晋升制度之外，与经济发展有关的研究并没有得到显著的奖励。

达累斯萨拉姆大学与外部利益相关者和学术核心的联系

达累斯萨拉姆大学的战略规划（2009年）列出了从议员到公众的广泛外部利益相关者。然而，在我们的访谈中，受访者经常提到缺乏参与，甚至在制订计划时也是如此。该战略规划还提到，该大学没有很好地推广其产出。虽然我们注意到达累斯萨拉姆大学与坦桑尼亚以外的组织的联系已经加强，但它与地方政府、私营部门、非政府组织和社区组织的联系仍然薄弱。

达累斯萨拉姆大学的主要参与形式是项目咨询，根据战略计划，这些项目在过去十年中增加了一倍以上（尽管这可能算不上太多，就像全世界咨询的趋势一样）。在所有咨询项目中，60%的咨询项目是为外国机构开展的，战略计划指出达累斯萨拉姆大学在争取政府或整个公共部门的咨询方面并不十分成功。

外国捐助者似乎在达累斯萨拉姆大学中发挥了重要的资助作用。虽然有些捐助者确实在筹资关系中坚持自己的议程，但该大学的规划和财政部（Department of Planning and Finance）似乎在管理内部机构利益与发展伙伴利益之间的相互作用方面发挥了有效的重要作用。

除了与捐助方建立与项目有关的联系外，具体的学术单位或研究所与政府各部委之间也有一些直接联系，如工程学院与基础设施和科学技术部，资源评估研究所和农业部，以及经济研究司与经济事务部。值得注意的是，该大学几乎没有与私营部门或工业的正式联系。

关于与经济发展有关的活动与学术核心的联系，图10列出了适用于四个项目／中心的表述和学术评级。

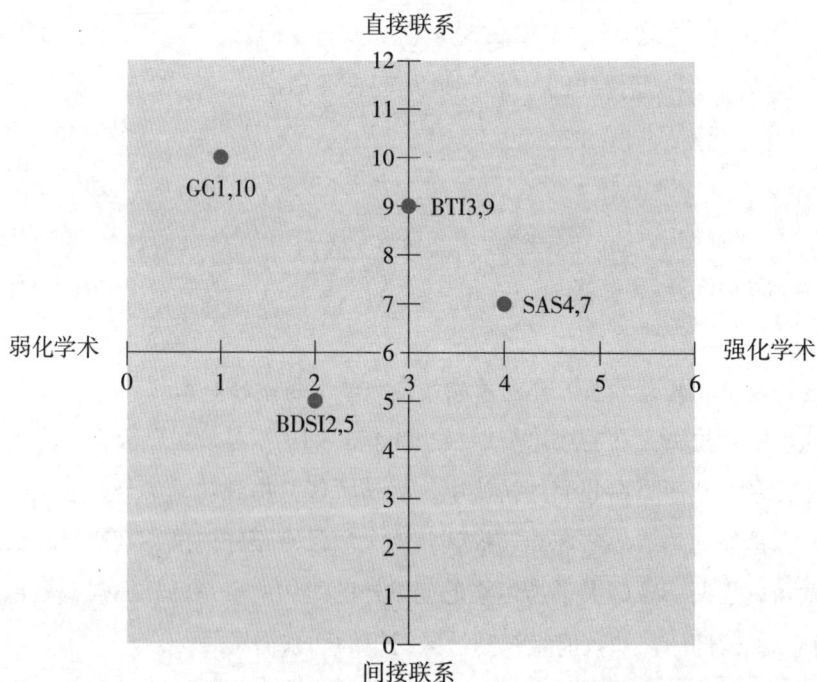

图10 达累斯萨拉姆大学发展项目／中心图解

注:

缩写	项目／中心
BDSI	商业发展服务孵化器项目（Business Development Services Incubator）
BTI	商业／技术孵化器项目（Business／Technology Incubator）
GC	SME 盖茨比俱乐部（SME Gatsby Clubs）
SAS	本土农业创新强化系统项目（Strengthening Local Agriculture Innovation Systems）

研究发现

◎被大学领导认为与经济发展密切相关的项目／中心往往在"联系"指标方面得分很高。换言之，它们反映了国家优先事项（以及大学目标中的小部分）有一个及以上的资金来源，在某些情况下还有促进可持续发展的计划，并可能与执行机构有联系。

◎然而，达累斯萨拉姆大学只有一个项目被评为强化学术核心，这预示着这些项目／中心与其目标的某种脱节。

◎本土农业创新强化系统项目在"联系"和"学术核心"两方面的得分都很高。达累斯萨拉姆大学面临的挑战是增加兼顾"联系"和"学术核心"的项目的数量。

五、坦桑尼亚和达累斯萨拉姆大学案例研究的概括评述

有证据表明在坦桑尼亚独立后和社会主义时期，坦桑尼亚有关于高等教育重要性的公约，尽管公约也许不清楚高等教育的确切作用。此外，在随后的政治分裂期间，由于世界银行的"反高等教育政策"以及其他因素，这一公约似乎支离破碎。

在本研究进行时，有相当多的证据表明，坦桑尼亚在国家和大学两级上一致认为教育，特别是高等教育对经济发展是重要的。然而，这不一定转化为高

等教育作用的明确认知，也不一定转化为如何使高等教育发挥作用的协调政策和执行计划。虽然肯定存在能力和资金限制，但也不止于此。更根本的问题似乎是大学、政治当局和整个社会对大学的特性、愿景、期望、规则和价值没有长期的文化、社会经济和政治的理解和承诺。

达累斯萨拉姆大学的学术核心有相当大的投入优势，该机构可以在此基础上发展。它面临的挑战是将这些投入转化为高效的产出。从对经济发展项目的研究来看，虽然这些项目与经济发展需求密切相关，但可以做更多的工作来加强大学的学术核心，使大学能够对发展做出更加可持续的贡献。

第八节　乌干达和麦克雷雷大学

一、乌干达的高等教育和经济发展情况

乌干达在满足皮莱提出的高等教育与经济发展之间有效和高产的关系的先决条件方面（Pillay，2010b）取得了哪些成就？

中小学教育质量：乌干达中等教育的入学率低得惊人。2006年，中等教育毛入学率为18%，净入学率为16%。撒哈拉以南非洲国家的平均毛入学率和净入学率为32%和25%，按发展中国家的标准计算并不高（分别为60%和53%），但远远高于乌干达的平均数。此外，人们对这一效率低下的教育系统，特别是对初级教育的完成率以及整个系统提供教育的质量和结果感到相当担忧。2006年，乌干达小学最后一年级的在读率为25%（撒哈拉以南非洲国家平均为67%，发展中国家为81%）（UNESCO，2009）。

经济和教育规划：尽管乌干达认识到经济发展与教育，特别是高等教育之间的联系，但没有对经济和教育规划做出任何重大承诺。

国家的作用：国家在筹资以及鼓励私营部门提供高等教育方面发挥着重要作用。乌干达的国家政策文件《国家发展计划》突出了高等教育在发展中的作用。然而，资金方面的制约因素显然妨碍了政策的有效执行。

伙伴关系：总的来说，没有证据表明乌干达国家、大学和私营部门之间存在伙伴关系。

院校分化：有证据表明乌干达的大学之间存在分化，例如：麦克雷雷大学为教学和研究型大学，姆巴拉拉理工大学（Mbarara University of Science and Technology）为科学和技术型大学，克雅博格大学（Kyambogo University）则注重教师和职业教育。

质量：乌干达整个教育系统的质量出现了严重的问题，特别是其内部效率低下和资金不足，而中学和大学的质量问题表现尤其突出。

拨款：鉴于需要的程度以及增加教育机会和增进公平的必要性，国家对高等教育拨款的绝对数额很低。

创新：在进行本研究时，乌干达既没有对其大学或私营部门进行足够的投资，也没有为这两个重要行动者之间的伙伴关系提供适当的激励。

二、乌干达高等教育的作用的公约证据

乌干达对知识、大学在国家和大学政策和规划中的作用的指标评级见表45。

表45　知识和大学在乌干达发展中的作用

国家评分=4／6			
国家发展规划中的知识经济概念	3强 出现在许多政策文件中	2弱 仅在一项政策文件中提及	1缺失 根本没有提及
高等教育在国家发展政策和规划中的作用	3普遍 在发展政策中明确提及	2弱	1缺失
大学评分=5／6			
院校政策与规划中的知识经济概念	3 战略规划或研究政策战略中有突出强调	2 战略规划或研究政策中有模糊提及	1 根本没有提及
关于大学在经济发展中的作用的院校政策	3 有专门的院校政策	2 嵌入战略规划和研究政策等文件中	1 没有正式的政策

乌干达在国家层面，《减贫行动计划》及其国家发展规划都承认，经济发展办法的重中之重是必须通过刺激和维持高水平的经济增长来消除贫穷。为了实现增长和消除贫穷的目标，教育、广泛的人力资本发展以及科学和技术的作用在乌干达得到了承认。

此外，受访者承认，人力资源不足和对科学技术的投资水平低是主要制约因素。虽然有积极的迹象表明，乌干达的人们正在逐渐认识到知识经济在新的国家计划中的重要性，但高等教育的作用尚未得到澄清或商定。除此之外，拨款水平低和高等教育入学率低是明显的。

在大学（麦克雷雷大学）层面，关于知识经济的重要性的叙述在大学利益相关者中出现了重大的变化，这种变化越来越多地反映在大学政策中。大学的作用还有一个重要的变化是为日益增长的经济提供适当的人力资源。总体而言，乌干达在大学层面上形成了强有力的发展方向，但它还没有制度化的政策和机构来运作这种新的方向。因此，一位高级学者评论说，乌干达的大学仍然是在传统模式下发挥着培养公务员的作用。

研究发现

◎在国家层面，知识经济的重要性和高等教育的重要性在国家政策声明中反映得相当弱。

◎相反，大学层面更多的是提到知识经济。在麦克雷雷大学，知识经济在发展中的重要作用也体现在战略规划中。

◎国家和大学各级没有达成广泛一致的意见，即知识和高等教育是经济发展的关键。

知识和大学在发展中的作用的认知

表46总结了国家和大学利益相关者对高等教育作用的认知，并说明这一认知是强烈、普遍、仅存在或完全不存在。

虽然受访者承认大学内部很少有关于高等教育作用的单一概念，但在麦克雷雷大学，访谈对象及主要规划和战略文件都非常强调，大学必须通过其作为知识机构的作用与国家发展联系起来。知识经济概念与发展工具概念同时出现，但有趣的是后者是针对政府和企业的，而很少提到与社区的联系，特别是在战略规划中。

表46　乌干达国家和大学对高等教育作用的认知比较

概念	国家利益相关者		大学利益相关者	
辅助	○	官方缺失，但经常表达	○	大学是经济发展的关键
自我管理	◎	对于自治的认知模糊	☆	在一些高级学者中存在，但在管理层中不存在
发展议程的工具	☆	觉得大学做得不够	☆	部分员工具有强烈的服务导向
发展引擎	○	主要出现在一些新的教育政策中	◎	日益重视其重要性

注：☆代表认知强烈；◎代表认知存在；○代表认知缺失。

研究发现

◎关于大学在经济发展中的作用的概念，乌干达在国家层面存在着强烈的"工具"作用期望，并在某种程度上提到了"自治"作用的问题。

◎在大学层面，乌干达的人们强烈倾向于大学的"工具"和"自治"作用的认知。人们日益认识到大学的"引擎发展"作用，特别是在规划方面，但在领导层中尚未占主导地位。

◎在国家和院校层面，关于大学的"工具"和"自治"作用的认知占主导地位，但没有被完全接受。大学领导对知识经济手段的支持越来越多。

三、麦克雷雷大学的学术核心

案例研究报告中对大学学术核心的分析是根据七个关键指标的评级进行

的。评级所依据的数据包含在详细的案例研究报告中。①七项指标及其评级见表47。

表47　麦克雷雷大学学术核心评级

	指标	等级（强／中／弱）*
1	SET类专业的招生人数和毕业人数	2007年SET类专业招生人数占比为32%；毕业率为22%
2	研究生／本科生招生比例 硕士生／博士生招生比例	研究生招生人数占比从2001年的6%上升到2007年的9%
3	教学工作量：生师比	2007年生师比为18∶1，SET类专业的生师比为11∶1
4	有博士学位的科研人员的比例	2007年31%的终身学术人员具有博士学位
5	终身学术人员的平均科研经费**	PPP$2000，非常少
6	博士毕业生	2007年博士毕业生构成了终身学术人员的2%
7	科研论文	2007年终身学术人员的人均科研论文为0.20篇

注：■ 强；▨ 中；□ 弱。

*有关学术核心评级类别的详细说明，请参见附录F。

**麦克雷雷大学未提供关于研究经费的具体信息。我们将所有赠款和赠款资金假定为研究经费。

关于麦克雷雷大学的学术核心数据，我们得到以下结论：

1. SET类专业招生人数：麦克雷雷大学的SET类专业招生人数增长强劲，从2001年的4400人增至2007年的11000人。在2007年，SET类专业招生人数占比（32%）仍然相对较低，但它的毕业率令人满意。

2. 研究生招生人数：2001年至2007年，麦克雷雷大学的研究生招生人数增加了一倍。2007年的研究生比例为9%，相对较低。麦克雷雷大学在2001年至2007年间硕士招生人数增长强劲，增长率为15.5%，但博士招生人数增长较低，仅为2.3%。特别值得关注的是，相对于其硕士招生，麦克雷雷大学的博士

_____

① 乌干达和麦克雷雷大学的案例研究报告参见 www.chet.org.za。

招生人数比例较低。2007年，硕士与博士招生人数比例为32：1。这表明，麦克雷雷大学从硕士生到博士生的升学率较低。

3. 教学工作量：麦克雷雷大学的全时当量学生的增长率是全时当量教工增长率的三倍以上。这提高了全时当量学生与全时当量教工的比例。2007年，该校SET类专业学生与教职工的比例为11：1，总体生师比18：1，这意味着麦克雷雷大学的教学工作量合理。然而，该大学商业和管理专业全时当量学生与全时当量教工的平均比例却高达96：1，确实存在问题。

4. 工作人员的资历：2007年，麦克雷雷大学31%的终身学术人员的最高正式学位为博士学位。

5.研究经费：经计算的估计值表明，该大学无法为其研究活动提供足够的经费。

6. 博士毕业生：麦克雷雷大学的博士毕业生从2001年的11人增加到2007年的23人，增幅不大，在13%左右，基数很低。博士招生人数也增长相当缓慢，同期从28人增长到32人。这与硕士入学人数翻番形成鲜明对比，同期硕士招生人数从1167人增至2767人。博士毕业生占终身学术人员的比例相当低，这意味着大学将很难自我培养学生填充其教师队伍。

7. 研究产出：就出版物而言，麦克雷雷大学的产量从2001年的73篇产出增至2007年的233篇产出。但其2007年终身学术人员的人均科研论文为0.20篇，低于南非研究型大学0.50篇的目标。

在投入指标方面，麦克雷雷大学的教学工作量较好。它在SET类专业招生人数和拥有博士学位的工作人员比例方面评级为"中等"，但每个终身学术工作人员的研究经费很少。在研究产出和博士生产等产出指标方面，麦克雷雷大学表现不佳。削弱学术核心的两个关键因素似乎是从硕士到博士的低升学率和终身学术人员可获得的研究经费少。该大学的积极发展是硕士生人数的增加和研究产出的三倍增长，尽管基数较低。

研究发现

◎麦克雷雷大学并没有明显地从以本科为主的教学机构发生转变。

◎在投入方面，麦克雷雷大学仅在一项指标（工作人员教学工作量）上取得了高分，在工作人员资历和研究生招生人数（硕士项目）上取得了中等成绩。然而，它在知识产出指标、博士毕业率和研究产出方面得分较低。

◎麦克雷雷大学在学术核心的知识生产产出指标上的表现似乎不足以使它对发展做出可持续的贡献。

四、协调性和连通性

知识政策的协调和执行

表48列出了乌干达国家层面知识政策协调的评级。虽然有积极的迹象表明，人们正在逐渐认识到知识经济在新的国家计划中的重要性，但高等教育的作用尚未得到澄清或商定，从评级中可以看出，经济发展和高等教育规划之间没有联系，政府机构之间的协调和共识建设不明显，教育部的能力薄弱，而且资金存在相当大的不一致。这意味着乌干达对知识经济在发展中的重要性的认识尚未得到协调或落实。

表48　乌干达国家层面的知识政策协调

国家评分=3／9		
经济发展与高等教育规划相互联系	3系统联系 由高级部长领导的正规机构	2零星联系 集群／论坛	1微弱联系 临时会议
大学与国家机构之间存在联系	3 具体协调机制或机构	2 有一些正规机构，但没有从事有意义的协调	1 没有机构，有政治网络但不是专业网络
参与高等教育的政府机构的协调和共识建设	3 高等教育被纳入政府主流部门	2 与无效论坛的间歇性互动	1 高等教育问题主要局限于一个部委或厅局

研究发现

◎在乌干达国家层面似乎有许多非正式的互动，但没有制度化的协调过程。

◎虽然政府官员和特定的麦克雷雷大学领导人之间存在着相当大的个人网络，但不清楚这是否有助于达成共识和强化该机构。

表49总结了与国家和大学两级执行知识政策和活动有关的指标的评级。

表49 乌干达知识政策和活动的执行情况

国家评分=6／12		
高等教育主管部门的作用	3 有能力做出可预测资源配置的有组织的部委	2 有些管理工具和职能部门	1 微弱的能力，不能配置资源
使高等教育向促进经济发展转变的职能实施	3强 手段，例如：资助、激励大学／个人的具体项目	2弱 特殊项目的临时拨款	1缺失 没有特殊的激励资助
大学收入来源的差额／比例	3 政府拨款、学费和第三方收入	2 主要是政府拨款和学费	1 主要是政府拨款和外来资助
资助的可持续性	3 以所有相关行为者商定的标准为基础的稳定、透明的公共筹资机制	2 资金分配多少是可预测的，但不考虑长期规划，也不奖励进取行为	1 政府没有明确的资金或激励措施
大学评分=10／18		
与经济发展有关的具体单位、供资或岗位	3 具体的单位、供资或岗位	2 单位或岗位的经济发展举措	1 主要是由工作人员发起的临时行动
与发展有关的活动的奖励和激励	3 激励措施有利于晋升	2 有一些信号，但主要是言辞上的	1 没有提及
与劳动力市场有关的教学项目	3 与经济高度相关的专业的招生目标	2 针对具体产业需求的一些项目	1 没有与劳动力市场挂钩的新项目

续　表

大学评分=10／18			
将学生与经济发展联系起来的具体项目	3 创业、基于工作的学习和／或主流化的学生孵化器	2 特设项目	1 没有具体项目
越来越注重经济发展的研究活动	3 研究政策、战略注重经济发展	2 某些研究计划注重经济发展	1 特设项目资助
政府和大学的科研经费水平	3 高	2 中	1 低

研究发现

◎在乌干达国家层面，教育部的能力似乎很差，它没有指导机制，经费也有些难以预测。

◎尽管该大学确实有与经济发展有关的机构和特别项目，将其与经济发展倡议联系起来，但问题是在许多情况下，这些倡议是由个人推动的，而不是制度化的。

◎尽管乌干达政府对研究的支助很少，但该大学在预算紧张的情况下，仍在努力增加与发展活动有关的研究。然而，除了传统的学术晋升制度之外，与经济发展有关的研究并没有得到显著的奖励。

麦克雷雷大学与外部利益相关者和学术核心的联系

在大学层面，麦克雷雷大学战略规划的第三个战略领域是"伙伴关系和联网（Partnership and Networking）"。它涉及的策略包括：

◎利益相关者参与大学政策议程；

◎与公立和私立部门机构合作和联系；

◎建立研究和技术创新及孵化企业中心；

◎让公共部门和私营部门参与课程开发；

◎利益相关者参与与之相关领域的学生的规划、监督和评价；

◎建立大学专门知识资源库,供公共和私营部门使用。

然而,尽管麦克雷雷大学在项目层面与政府和行业(或私营部门)有联系,但没有太多的证据表明与公共和私营部门有密切的联系。虽然一些院校领导人报告说,大学鼓励各专业成立咨询公司,但一位受访者报告说,政府经常向外国公司而不是当地的公司进行咨询。另一位受访者谈到,政府与大学之间的信任有限,政府并不总是承认大学的价值。

总之,与大学利益相关者的访谈、政策和战略文件都没有表明麦克雷雷大学与政府或行业有密切的联系,尽管有证据表明它打算加强这些联系。此外,没有证据表明这些角色之间存在正式的机构或平台。负责促进和协调与外部利益相关者联系的单位在与外国捐助者谈判筹资时,似乎在维护大学的战略目标和议程方面发挥了重要作用。

关于与发展有关的活动与学术核心的联系,图11列出了适用于五个项目/中心的"联系"和"学术核心"评级。

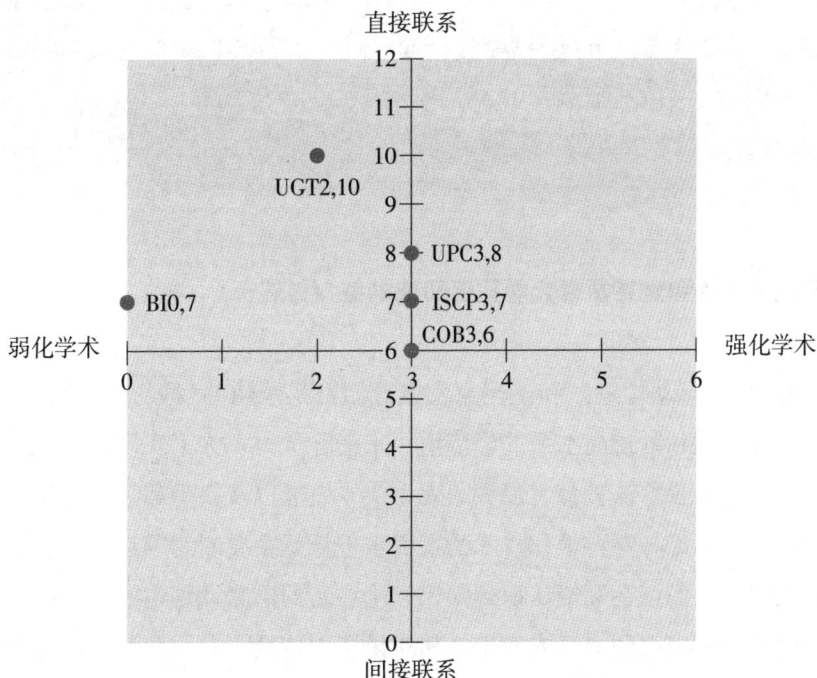

图11 麦克雷雷大学发展项目/中心图解

注:

缩写	项目／中心
COB	基于社区的教育和服务（Community-Based Education and Service）
ISCP	东非创新系统和集群项目（Innovation Systems and Clusters Programme in East Africa）
UGT	乌干达盖茨比信托中心（Uganda Gatsby Trust）
BI	商业孵化和农业加工项目（Business Incubation：Agro-Processing）
UPC	城市污染控制项目（Urban Pollution Control）

研究发现

◎被大学领导认为与经济发展密切相关的项目／中心往往在"联系"指标方面得分很高，换言之，它们反映了国家优先事项（体制目标的一小部分）有一个以上的资金来源，在某些情况下还有促进可持续发展的计划，并可能与执行机构有联系。

◎然而，五个项目并没有强化学术核心，反而显示出某种程度的脱节。

五、乌干达和麦克雷雷大学案例研究的概括评述

《消除贫穷行动计划》和《国家发展计划》都承认的发展办法的主要重点是必须通过刺激和维持高水平的经济增长来消除贫穷。为了实现增长和消除贫穷的目标，受访者承认教育、强大的人力资本发展以及科学和技术的作用，并承认人力资源不足与对科学和技术的投资水平低是主要制约因素。虽然有积极的迹象表明，人们正在逐渐认识到知识经济在新的国家计划中的重要性，但高等教育的作用尚未得到澄清或商定。从对供资不持续、参与率低、协调和执行能力薄弱的评级可以看出这一点。

在最近的政府和大学文件中，人们认识到大学知识作用的重要性。特别

是，高等教育开始被认为是经济发展的贡献者，而不仅仅是公务员和专业人员的人力资源提供者。然而，政府既没有对大学或创新进行足够的投资，也没有为伙伴关系提供适当的奖励。此外，这种日益增长的发展意识并没有转化为协调一致的政策或执行行动，因为政府和大学在做出艰难的重新分配决定方面都遇到了问题。这意味着，该公约不够强大，不足以做出受欢迎的权衡，导致很少有实际的资源重新分配，以实现不断变化的愿景。

麦克雷雷大学的学术核心具有一定的投入优势，可以在此基础上进行投入，它面临的挑战是将这些投入转化为更强的产出。从对发展项目的研究来看，虽然这些项目与发展需要密切相关，但在加强大学的学术核心方面还可以做更多的工作，使大学能够对经济发展做出更可持续的贡献。

第四章

结论和启示

　　HERENA项目对大学在非洲经济发展中的作用进行了三年跟踪，包括对三个成功的创新驱动的经合组织国家与八个非洲国家和大学进行的调查，产生了分析框架，探讨了大学在（经济）发展中的作用以及如何发挥这一作用。它还提供了有史以来关于撒哈拉以南非洲大学最全面、系统和具有可比性的数据。

　　这项研究主要有三个重大发现，即需要达成"公约"，使各国政府、大学、资助者和其他利益相关者同意高等教育在经济发展和知识经济中发挥核心作用；加强大学的学术核心，这对于创造知识、学术再生和提供推动发展的高级技能至关重要；在国家和大学两级改善政策（和执行）协调，帮助大学更有效地与经济发展挂钩。

研究发现

　　◎关于国家和大学两级的发展模式和高等教育在发展中的作用，各国缺乏明确和一致的规定。然而，人们，特别是政府日益认识到大学在全球知识经济背景下的重要性。

　　◎八所非洲大学的研究成果不够强大，使它们无法发挥传统的本科教学机构作用，并通过新的知识生产对经济发展做出可持续的全面贡献。许多大学拥有可控的学生、教员比例和足够资历的教员，但教员从事研究的资金不足。此外，激励机制不支持知识生产。

　　◎在抽样国家中，没有一个国家的政府、外部利益相关者和大学之间做出协调努力，系统地加强大学对发展的贡献。虽然每所大学都有与外部利益相关者紧密联系并加强学术核心的示范发展项目，但面临的挑战是如何增加这些项目的数量。

　　大学"引擎发展"作用需要的公约

　　对于本项目研究的三个经合组织国家系统的发展模式，世界经济论坛竞争力报告将其归类为"创新驱动"模式。换言之，这些国家一致认为知识和教育是发展的关键生产要素。从八个非洲国家的抽样来看，三个国家（毛里求斯、南非和博茨瓦纳）正处于"效率（efficiency）"阶段，这意味着效率的提高、高等教育和培训在经济发展中发挥着越来越重要的作用。其他国家正在从"要素（factor，自然资源和低技能基础）"模式走向"效率"模式，这意味着教育和培训越来越重要。

这项研究表明，这三个由效率驱动的系统在高等教育中的参与度已经大大提高了。然而，除毛里求斯外，没有一个国家有一以贯之的发展模式，也没有一致的意见认为知识是关键的生产因素。在其余的样本中出现了新的知识政策，但其所在的政府协调能力和执行能力均不足。

在样本中的大多数国家构建了宏大的国家愿景，以此作为一种对发展模式缺失的补偿。这些愿景有些远到2030年，但都没有执行计划或系统的监测机制。在某种程度上，它们可以被看作构建共同愿景的尝试，并暗示着不存在任何协议。

毛里求斯是唯一在国家和大学两级都认为知识是经济发展的关键驱动力，政府和大学对大学在发展中的作用有类似看法的国家。然而，在学术核心、协调和执行方面，"公约"似乎尚未得到适当实施。

国家和大学利益相关者之间对高等教育和大学的作用缺乏共识，也证明了我们的抽样国家缺乏"公约"。在国家利益相关者中，主要的期望是大学对发展做出直接贡献。这一工具性概念强调以专门知识交流和能力建设的形式做出贡献，而不是产生新的科学知识。政府利益相关者经常说，大学对发展的贡献不够，然而，这通常是指高等教育和大学不能解决广泛的社会问题，而不是特指经济发展。

总的来说，国家利益相关者和一些政府政策和规划比大学利益相关者和规划更多地认可和反映了知识经济的话语和大学作为发展引擎的作用。然而，这很可能仍然更倾向于工具性的知识概念，因为它被直接应用于发展问题，而不是知识和大学在研发和创新方面的更间接的作用。

令人吃惊的是，大学领导层对大学在知识经济中的作用的支持相当薄弱。相反，这两个主导概念反映了大学作为间接促进发展的自治机构与作为更直接的工具作用之间的传统紧张关系。在抽样中，人们逐渐意识到发展引擎手段的重要性，但除了毛里求斯，在其他抽样国中，它远远不是占主导地位的观点。

许多非洲国家在独立后的时期，政府和大学之间达成了明确的"公约"，即大学将为新的国家提供人力资本（公务员和专业知识）。这种"公约"早就失效了，同时，在政府内部和大学内部存在着一系列相互矛盾的政策愿景和概念，它们涉及如何应对日益由知识驱动导致不断变化的发展需求。没有改变的是，除了毛里求斯以外，其他国家没有普遍接受这一发展模式，结果是政府和大学都没有就高等教育在发展中的作用达成一致意见。

因此，我们可以说需要更加强调在政府、资助者和大学领导人之间达成协议，即知识和高等教育是关键的生产力。尽管能力建设很重要，但在没有就作为非洲无底洞综合征（bottomless pit syndrome）的组成部分的"何种能力（capacity for what）"建设达成协议的情况下，建立共识同样重要。

在不同的国家达成更广泛的共识方面，一项潜在的积极进展是所有国家都成立了高等教育委员会，部分是为了补偿薄弱的部委能力，也是为了进行独立的认证和质量评估。在本研究进行时，它们在一定程度上反映了系统中的问题，但都在重新确定作用，并可能成为推动讨论高等教育在发展和监测进展中的作用的关键角色。

强化学术核心——激励是关键

大学是以知识的生产、复制和传播为核心业务的专业院校。此外，大学只有学术核心强大，才能参与全球知识经济，为发展做出可持续的贡献。八所非洲样本大学的核心知识生产产出不够强大，不足以对发展做出可持续的贡献，学术核心指标没有显示出加强知识生产产出（博士和论文）的明显迹象。

正如第二次世界大战之前的传统欧洲大学以及最近的拉丁美洲模式大学（Swartzman，2010），我们样本中的大学仍然主要是作为本科教学机构来组织的，尽管其中有相当宏大的使命声明和声称其为知识生产者。但与欧洲、拉丁美洲和亚洲的情况一样，非洲大学面临的挑战是如何将自己的作用从教学扩展到研究领域，并成为道格拉斯等学者所称的"全球化灵感（globalisation's muse）"的重要贡献者。道格拉斯所谓全球化的灵感是"大学和高等教育系统，不管是真正的原因还是浪漫的原因，都变成了全球化的灵感：在本质上，全球化是一条得到广泛认可的途径，可以充分参与知识社会"。

科研产出的弱势趋同与投入强度的较大差异形成鲜明对比。最有力的投入指标是可控的生师比和相对较高的博士教员水平，这可以部分解释坚实的本科成功率。然而，这些成功率必须结合旗舰大学在低参与率的国家体系中的情况来看，这意味着其有一个非常优秀的学生群体。

投入方面最令人关注的两个领域是研究生水平低，特别是博士生水平，以及缺乏研究经费。研究生招生的显著特征是硕士招生人数和毕业人数的急剧上升。这有两个方面的意义：一方面，课程工作硕士学位（course work masters degrees）无疑有助于增加除获得学士学位的人以外的高技能工人，这是知识经济的特点之一；另一方面，这些主要的课程工作硕士似乎没有为攻读博士做好准备，特别是研究和论文部分。在某些情况下，每招一名博士生就会招五十名以上的硕士生的招生实情证明了这一点。但是，硕士生到博士生的升学率低也可能有其他原因，例如有更多的奖学金提供给了硕士项目，特别是来自外国捐助者的奖学金项目，而博士学习的奖学金则少得多。

不招收博士生或没有博士毕业生会有许多严重后果。首先，旗舰大学必须培养自己的学术人员，以及系统中其他高等教育机构的学术人员。它还必须应对知识经济对大学以外的机构（例如研究机构）获得博士学位的人的日益增长的需求，以及应对系列工商业机构中担任高级职位的高水平人员不断增长的权力的需求。

拥有博士学位和研究课程的学术人员通常统领着新知识的产生以及将大学研究与应用和创新联系在一起。大学领导层确定的绝大多数发展活动是由拥有博士学位的学者领导的。培养博士干部是旗舰大学的基本任务，旗舰大学不仅要自我培养，还要产生能够将该大学与全球知识经济和当地社区联系起来的知识。

ISI收录的科研论文仅代表了狭隘的研究概念，它不能反映应用或咨询领域的研究，因此只能被视为"研究冰山"的一角。然而，这是使旗舰大学成为全球知识共同体的组成部分，并使论文成为国际学科或跨学科团体的组成部分的秘诀。所谓产出导向型研究文化的三个关键组成部分是：受过正规研究培训的工作人员（拥有博士学位是必要条件但不是充分条件）、研究经费和有利的激励环境。

大学层面的激励结构的第一个问题是来自政府的专项科研经费很少，这给大学带来了压力，要求它们从已经捉襟见肘的预算中拿出激励资金。虽然几乎每所大学都有研究基金，但这些基金必须与相关活动，如会议出席情况、设备和信息资源等共享。此外，这些内部"公开竞争性（open competitive）"经费似乎大多是对年轻学者和博士生的激励，许多高级学者表示可获得的金额不值得申请。在某些情况下与此相关的问题是，虽然有些资金可用于购买设备，但几乎不可能得到设备维修资金。

对于员工来说，激励结构的第二个问题似乎是博士生指导和学术研究的主要干扰因素是多种校外教学机会，因为在私立院校和靠近旗舰大学的私立高等教育机构中都存在多种私立教学机会。因此，尽管根据学生和教员的比例，教学工作量可能不会过大，但这种"三重教学"作为收入补充形式是削弱学术核心的另一个因素。

第三个潜在问题涉及政府、外国捐助者和工业界的咨询。尽管接受采访的多数学者都提到了咨询公司，但要获得咨询活动的准确情况十分困难（在达累斯萨拉姆大学的一份年报中提到了约八百家咨询公司）。然而，从这些讨论中得出的结论是，咨询公司相对于研究资助具有更大优势。首先，这是与捐助者的个人关系，往往还有其他好处，例如前往捐助国旅行和被邀请参加其他受援国的网络。其次，咨询公司既提供了研究收入的直接补充，又使研究人员对资金如何使用有更大的灵活性（而研究资助往往对差旅、雇用研究人员和购买设备等有许多规定）。

从这次调查中可以明显看出，要想"重新聚焦（refocus）"旗舰大学，我们必须注意促进知识生产的激励结构。此外，低知识生产不能仅仅归咎于低能力和少资源，大学需要激励的是博士指导和研究项目，强化学术核心，使这些旗舰大学成为全球学术界的组成部分，并将它们与地方和地区发展联系起来。

发展学术核心的部分内容将是改进和加强对关键绩效指标的定义以及对关键绩效指标数据的系统、全方面的收集和处理（制度化）。这些指标将是国家和大学决策者设计基于实证的政策和奖励办法的关键，而不仅仅是过分依赖目前有抱负的任务说明。

与发展的协调和联系

大学不能单方面加强学术核心，将其与发展有关的活动联系起来。它需要政府政策和其他外部利益相关者的协调。在国家层面，大多数国家开展了相当多的协调活动，从论坛和集群到国家各部委的重组。然而，这似乎大多是无效率或象征性的协调。

这方面的证据不仅是有关部门缺乏支撑性政策，而且这种政策的重点往往取决于不同和不断变化的政府部长的利益。除此之外，这反映了支持研究的政策往往是出于科学和技术部，而不是出于教育部。另一个指标是教育部的改组，其将高等教育与基础教育分开，将高等教育与科学和技术联系起来，甚至将高等教育与培训联系起来。

由于没有公约，而且各大学、国家当局和外部行动者对大学的特性及其在发展中的作用存在着相互矛盾的观念，缺乏共识，因此，协调工作几乎是不可能的。其结果是大学领导和学者的精力和行动必须投入到持续的、不可预测的谈判中，特别是关于政府的资助，而不是加强该机构的学术核心活动。其结果往往是组织内部对权力、自主权和资金的争夺，导致组织内部的分裂和无能。

以上可以通过观察科研经费来说明。在八个国家中，都有促进研究和创新的国家政策，但这些政策大多是在科学和技术部门，而不是在教育部门（博茨瓦纳和毛里求斯除外）。政府将教育部门提供的资金主要用于教学和基础设施建设，大多数机构的研究经费为政府总供资的1%—3%。学者们经常形容他们的政府对研究基金的贡献是"微不足道的（negligible）"。①

本研究的八个国家都对国家研究委员会表示不满：不仅资金数额有限，而且通过复杂的申请程序获得资金也很麻烦，而且赠款的期限往往很短，这意味着需要重复申请。

在政府缺乏协调供资和激励战略的情况下，非洲旗舰大学对外部供资的依赖增加，这反过来又会导致更多的分散和投射。这削弱了大学的学术核心，因为知识没有积累和输入到教学和出版中，整个系统更容易受到捐助者议程干涉

---

① 根据Oyewole（2010），撒哈拉以南非洲国家用于研究的经费平均不到其国内生产总值的0.3%，为世界最低。此外，自1987年达到顶峰以来，非洲已经失去了11%的全球科学份额（share of global science），而撒哈拉以南地区的科学份额几乎减少了1/3（31%）。

和政治干预的影响。

虽然捐赠者对非洲的援助没有达到2005年G8峰会确定的雄心勃勃的目标，但已完成的60%左右的目标仍然意味着对非洲的发展援助大幅度的增加了，特别是对高等教育的援助。但非洲面临的问题不仅是需要更多的援助，同样重要的是如何更有效地使用援助。

这项研究表明，议程和项目与捐助者的协调存在重大问题，更不用说向多个捐助者说明所需的大量行政工作。在本研究中，只有两所大学（达累斯萨拉姆大学和爱德华·蒙德拉内大学）建立了强有力的捐助者协调机构。但是，正如爱德华·蒙德拉内大学的情况所指示的那样，加强学术核心需要捐助者和政府的协调和共同努力；在政府资助本科生教学的同时，研究工作和博士培养不能外包给捐助者。

考虑成立一个非洲版的欧洲研究理事会，不失为一个解决非洲大陆和国家研究资金严重短缺和缺乏协调的方法，这样可以将大量资金集中用于推进前沿、卓越的研究。

加强学术核心不仅需要更多的研究资金，还需要以加强而不是削弱学术核心的方式将大学与发展活动联系起来的机制。从行业联系开始，虽然有证据表明在本研究中的八所大学都与行业或私营部门有联系，但这通常被认为是院系或中心级别的联系，而不是大学层面的伙伴关系。除了某些大学的特别顾问外，几乎没有任何证据表明大学在从事工业研发。

这在很大程度上是因为所研究的大多数非洲国家的工业部门基本上不发达，而且由于国际公司在非洲国家开展业务的私营部门研究发展中心非常有限，它们的研发通常在其他地方进行。这在大多数发展中国家都是一个问题，在非洲尤为严重。然而，一些大学开始通过建立与工业或私营部门的联络机构来解决其大学与它们之间缺乏互动的问题。

与私营部门的互动主要有两种形式。第一是在教育和培训领域。这方面的例子包括在负责课程设计和修订、工作安排和具体培训方案的咨询委员会中使用私营部门的人员。在本研究中，几乎所有大学的第二种形式的互动都是商业发展和对中小企业的支持。非洲旗舰大学与私营部门的互动面临的挑战将扩大互动举措规模，同时仍将其与研究和研究生培养联系起来，因为这类项目适合个别咨询公司。

我们对四十四个"示范（exemplary）"项目／中心进行了调查，这些中心被大学领导认为与发展密切相关，项目／中心包括长期研究项目、研究生培养、短期支助服务和外部团体活动。在本研究中，八所大学有些示范发展项目／中心与国家地方优先事项密切相关，它们有多个资金来源，在某些情况下与执行机构有联系。与此同时，它们正在通过培养研究生来加强学术核心，是国际学术网络的组成部分，并已在同行评议的期刊和书籍上发表文章。在国际承认和前沿研究方面（特别是在环境和卫生领域），有几个项目是世界一流的。目前，非洲国家在这方面面临的挑战是项目／中心数量的增加及其规模的扩大。

在本研究中，我们采用了伯顿·克拉克三角（见图12）来描述政府、大学和外部团体这三个主要节点。这反过来反映了我们的分析框架的动态，可以阐述如下：为了使大学对发展做出可持续的贡献，主要行动者（公约）需要就发展的作用达成一致意见；大学的学术核心需要有能力；政府、大学和外部团体的政策和活动需要协调和相互联系。

这三个方面是相互关联的。没有公约，协调就几乎不可能。如果没有国家政策和政策的执行，大学很难发展强大的学术核心（特别是在市场薄弱的发展中国家）。但是，强大的学术能力不与发展活动联系会导致大学的孤立（象牙塔）。反之，大学与发展有很强的联系，但学术能力较弱会削弱大学对发展的贡献。

上述情况并不意味着存在某种最佳实践模式可以实现这一点，我们对以不同方式成功地将高等教育与发展联系起来的三个系统（芬兰、韩国和美国北卡罗来纳州）的研究证明了这一点。

非洲国家要从提供原材料和接受外国援助转向下一阶段的发展，使其成为全球知识经济的一分子，至少应从以下几个方面努力。首先，就知识在发展中的重要性和大学的特殊作用达成一致公约。第二，强化学术核心，特别是在知识生产方面。第三，协调在高等教育中与日俱增的行动者和机构（多个政府部门、企业和外国捐助者）。此外，确保发展活动强化而不是削弱学术能力，特别是对旗舰大学而言。

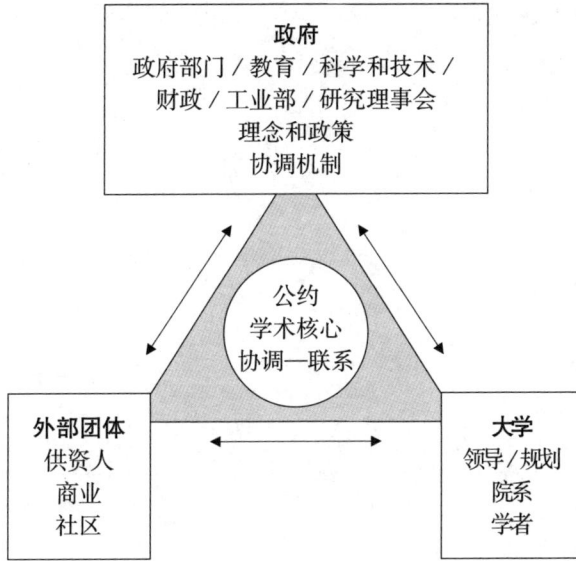

图 12 公约、学术核心和协调之间的动态关系

表、图和文本框索引

表

图

文本框

参考文献

ALTBACH P G, BALAN J, 2007. World class worldwide: transforming research universities in Asia and Latin America [M]. Baltimore: The Johns Hopkins University Press.

BLOOM D, CANNING D, CHAN K, 2006. Higher Education and economic development in Africa [M]. Washington D.C.: The World Bank.

BRAUN D, 2008. Organising the political coordination of knowledge and innovation policies [J]. Science and public policy, 35 (4) : 227-239.

BROCK-UTNE B, 2002. Formulating higher education policies in Africa: the pressure from external forces and the neo-liberal agenda [J]. Journal of higher education in Africa, 1 (1) : 24-56.

CARNOY M, CASTELLS M, COHEN S S, et al., 1993. The new global economy in the information age: reflections on our changing world [M]. University Park: Pennsylvania State University Press.

CASTELLS M, 1991. The university system: engine of development in the new world economy [M]. Washington D.C.: The World Bank.

CASTELLS M, 2002. Universities as dynamic systems of contradictory functions [M]// MULLER J, CLOETE N, BADAT S. Challenges of globalisation: South African debates with Manuel Castells. Cape Town: Maskew Miller Longman.

CASTELLS M, 2009. Transcript of a lecture on higher education delivered at the University of the Western Cape [EB/OL]. [2009-08-07]. http://www.chet. org.za/seminars/.

Centre For Higher Education Transformation, 2010. Cross-national higher education performance indicators [R]. Cape Town: CHET.

CLARK B, 1983. The higher education system: academic organization in cross-national perspective [M]. Berkeley: University of California Press.

CLARK B, 1998. Creating entrepreneurial universities: organisational pathways of transformation [M]. Oxford: Pergamon-IAU Press.

COLEMAN J, COURT D, 1993. University development in the third world: the Rockefeller experience [M]. New York: Pergamon.

DOUGLASS J A, KING C J, FELLER I, 2009. Globalization's muse: universities and higher education systems in a changing world [M]. Berkeley: Public Policy Press.

Economic Commission for Africa, 2004. Economic report on Africa: unlocking Africa's trade potential in the global economy overview [EB/OL]. [2004-04-28]. http://www.uneca.org/cfm/2004/overview.htm.

French Academy of Sciences, 2006. Science and developing countries: Sub-Saharan Africa [R]. Paris: [s.n.].

G8 Gleneagles, 2005. The Gleneagles communiqué [EB/OL]. [2004-04-28]. http://www.chet.org.za/files/reports/Gleneagles_Communique_Africa.pdf.

GASTFRIEND D, MORTON R, 2010. Promises and plans: an analysis of G8 aid to Africa. [EB/OL]. [2010-06-28]. http://www.iijd.org/.

GIBBONS M, LIMOGES C, NOWOTNY H, et al., 1994. The new production of knowledge: the dynamics of science and research in contemporary societies [M]. California: Sage.

GORNITZKA A, MAASSEN P, OLSEN J P, et al., 2007. Europe of knowledge: search for a new pacts [M]// MAASSEN P, OLSEN J P. University dynamics and European integration. Dordrecht: Springer.

HOLTTA S, MALKKI P, 2000. Response of finnish higher education institutions to the national information society programme [R]. Helsinki: Helsinki University of Technology.

INSEAD, 2010. Global innovation index report 2009-2010 [R]. Fontainebleau: INSEAD Business School.

JUMA C, YEE-CHEONG L, 2005. Innovation: applying knowledge in development [M]. London: Earthscan.

KAMARA A, NYENDE L, 2007. Growing a knowledge - based economy:

public expenditure on education in Africa [J]. Economic research working paper, (88).

LANGA P V, 2010. Disciplines and engagement in African universities: a study of scientific capital and academic networking in the social sciences [D]. South Africa: University of Cape Town.

MAASSEN P, CLOETE N, 2006. Global reform trends in higher education [M]// CLOETE N, FEHNELl R, MAASSEN P, et al. Transformation in higher education: global pressures and local realities. Dordrecht: Springer.

MAASSEN P, PINHEIRO R, CLOETE N, 2007. Bilateral country investments and foundations partnership projects to support higher education across Africa [R]. Cape Town: CHET.

MAASSEN P, OLSEN J P, 2007. University dynamics and European integration [M]. Dordrecht: Springer.

MACGREGOR K, 2009a. Conference calls for higher education action [EB/OL]. [2009-06-22]. http://www. universityworldnews. com / article. php? story= 20090709193555377.

MACGREGOR K, 2009b. Africa: call for higher education support fund [EB/OL]. [2009-06-22]. http://www. universityworldnews. com / article. php? story= 20090322082237425.

MACGREGOR K, 2010. Higher education a driver of the MDGs [EB/OL]. [2010-05-02]. http://www. universityworldnews. com / article. php? story= 20100501081126465.

MACGREGOR K, MAKONI M, 2010. Universities must be citadels not silos [EB/OL]. [2010-05-02]. http://www.universityworldnews.com/article.php?story= 20100502103801345.

MAMDANI M, 2008. Scholars in the Marketplace: the dilemmas of neo-liberal reform at Makerere University 1989-2005 [M]. Pretoria: HSRC Press.

MOJA T, MULLER J, CLOETE N, 1996. Towards new forms of regulation in higher education: the case of South Africa [J]. Higher education, 32 (2) :

129–155.

OYEWOLE O, 2010. Africa and the global knowledge domain [M]// TEFERRA D, GREIJN H. Higher education and globalization: challenges, threats and opportunities for Africa. The Netherlands: Maastricht University Centre for International Cooperation in Academic Development.

PILLAY P, 2010a. Higher education and economic development: a literature review [M]. Cape Town: Centre for Higher Education Transformation.

PILLAY P, 2010b. Linking higher education and economic development: implications for Africa from three successful systems [M]. Cape Town: Centre for Higher Education Transformation.

PSACHAROPOULOS G, TAN J P, JIMENEZ E, 1986. The financing of education in developing countries: exploration of policy options [M]. Washington D.C.: The World Bank.

SANTIAGO P, TREMBLAY K, BASRI E, et al., 2008. Tertiary education for the knowledge society [M]. Paris: Organisation for Economic Co-operation and Development.

SAWYERR A, 2004. Challenges facing African universities: selected issues [M]. Accra: Association of African Universities.

SCOTT W R, 2001. Organizations: rational, natural, and open systems [J]. Upper Saddle River, NJ: Pearson.

SEN A, 1999. Development as freedom [M]. Oxford: Oxford University Press.

SERAGELDIN I, 2000. University governance and the stakeholder society [R]. Durban: International Association of Universities.

SWARTZMAN S, 2010. Changing universities and academic outreach [M]. Rio de Janeiro: IETS.

UNDP, 1990. Human development report 1990 [R]. New York: United Nations Development.

UNDP, 2009. Human development report 2009: Overcoming Barriers: Human mobility and developmen [R]. New York: United Nations Development Programme.

UNESCO, 2009. EFA Global Monitoring Report 2008 [R]. Paris: United Nations Educational, Scientific and Cultural Organisation.

University of Botswana, 2008. University research strategy [R]. Gaborone: University of Botswana.

U.S. Congress, 1994. Higher education in Africa: hearing before the subcommittee on African affairs [R]. Washington D.C: US Government Printing Office.

WEF, 2009. The Global Competitiveness Report 2009 – 2010 [R]. Geneva: World Economic Forum.

WEF, 2010. The Global Competitiveness Report 2010–2011 [R]. Geneva: World Economic Forum.

WEICK K, 1976. Educational organisations as loosely coupled systems [J]. Administrative Science Quarterly, (21) :1–19.

World Bank, 1999. World development report 1998/99: knowledge for development [M]. Oxford: Oxford University Press.

World Bank, 2002. Constructing knowledge societies: new challenges for tertiary education [R]. Washington D.C.: The World Bank.

World Bank, 2007. The Knowledge Economy [R]. Washington D.C.: The World Bank.

World Bank, 2009. Accelerating Catch-up: tertiary education for growth in sub-Saharan Africa [R]. Washington D.C.: The World Bank.

YESUFU T M, 1973. Creating the African university: emerging issues of the 1970s [M]. Ibadan: Oxford University Press.

非洲八国高等教育和经济发展概况

多年来，国家的经济发展是以GDP来衡量的。在20世纪下半叶的大部分时间里，世界银行等国际机构长期倡导的观点认为，发展中经济体唯一关切的应该是创造高经济增长率，然后通过所谓涓滴效应渗透到社会经济低端阶层的群体。

然而，联合国开发计划署（United Nations Development Programme，UNDP）扩大了这个相当狭隘的经济发展概念，将人的发展和公平也包括了进去。1990年的《人类发展报告》中，人类发展被贬低为"扩大人类基本选择的进程"（UNDP，1990）。在随后几年的《人类发展报告》中，联合国开发计划署重新提出并扩大了人类发展的概念，包括四个基本组成部分，其中第一个部分是关键部分，即改善健康、获取知识和提高技能，以此促进人们能够提高生产力并充分参与创收和有报酬的就业。

由此产生了人类发展指数（Human Development Index，HDI）作为衡量人类发展的一般尺度。人类发展指数由人类发展的三个基本组成部分组成：寿命、教育和生活水平。这些构成部分通过出生时预期寿命指数、教育指数（以成人识字率与小学、中学和大学毛入学率的总和来综合衡量）和国内生产总值指数（以使用购买力平价换算成美元或国际美元的实际人均国内生产总值来衡量）来表示。

人类发展观点在很大程度上纳入了阿马蒂亚·森（Amartya Sen）支持的"能力"发展办法（Sen，1999）。森认为，在分析社会公正时，有充分的理由根据个人的能力来判断个人的优势。从这一角度来看，必须将贫穷视为对基本能力的剥夺，而不仅仅是低收入，这是确定贫穷的标准。这种能力观点并不否认低收入显然是贫穷和不发达的主要原因之一，因为缺乏收入可能是个人能力被剥夺的主要原因。

那么，抽样国家的增长水平（以人均国内生产总值表示）是多少？更重要的是，这种增长在多大程度上转化为了人类发展？

表A1比较了八个非洲国家以及三个国际案例研究国家的人均国内生产总值与人类发展指数，还计算了人均国内生产总值和人类发展指数排名之间的差额（最后一列）。这两个排名之间的差异反映了经济发展与更广泛的社会发展之间的差异，往往是收入、教育、医疗等方面不平等的结果。例如，南非的人类发展指数比人均国内生产总值低51位，博茨瓦纳低65位。毛里求斯还表现出明显的负面差异，这表明公平可能并不像政府政策所暗示的那样是一个明确界定的结果。相比之下，在芬兰和韩国，人类发展指数排名高于人均国内生产总值排名，表明社会不平等程度较低，发展模式更为健全。加纳、肯尼亚、乌干达和坦桑尼亚也是如此，但发展水平低得多。

表A1　人均GDP与人类发展指数（HDI）

国家	2007年人均GDP（PPP, USD）*	人均GDP排名	HDI排名（2007年）**	人均GDP排名减去HDI排名
博茨瓦纳	13604	60	125	−65
加纳	1334	153	152	1
肯尼亚	1542	149	147	2
毛里求斯	11296	68	81	−13
莫桑比克	802	169	172	−3
南非	9757	78	129	−51
乌干达	1059	163	157	6
坦桑尼亚	1208	157	151	6
芬兰	34526	23	12	11
韩国	24801	35	26	9
美国	45592	9	13	−4

来源：联合国计划开发署（2009）。

注：*购买力平价（PPP）显示的汇率考虑到了各国之间的价格差异，允许对产出和收入进行国际比较。在上表中，PPP 1美元在国内经济中的购买力与1美元在美国的购买力相同。

　　**177个国家参与排名。

　　表A2列出了强调高等教育与经济发展在某些方面之间的联系的一些数字。入学率与发展阶段的相关性最为一致，入学率越高，发展阶段越高，这至少表明，即使提高入学率不是一个充分条件，至少也有必要改变发展阶段！

　　该表还显示，教育质量很重要，但有些例外。一方面，南非的学校质量排名最差，但在非洲国家中竞争力排名最高，这可能是南非的GDP-HDI差异也是最大的另一个迹象。另一方面，肯尼亚的学校系统质量排名远高于韩国和美国，但竞争力却非常差。世界经济论坛把这主要归咎于薄弱的制度基础设施（institutional infrastructure，政治的代名词）。

表A2　高等教育和经济发展选取指标

国家	发展阶段 (2009—2010) [1]	教育系统质量排名 (2009—2010) [2]	高等教育毛入学率	全球综合竞争力 (2010—2011) [2]
加纳	第1阶段：因素驱动型	71	6.2[5]	114
肯尼亚		32	4.1[6]	106
莫桑比克		81	1.5[3]	131
坦桑尼亚		99	1.5[5]	113
乌干达		72	3.7	118
博茨瓦纳	从第1阶段转向第2阶段	48	7.6[4]	76
毛里求斯	第2阶段：效率驱动型	50	25.9	55
南非		130	15.44	54
芬兰	第3阶段：创新驱动型	6	94.4	7
韩国		57	98.1	22
美国		26	82.9	4

来源：世界经济论坛（2010 年）。

注：[1] 各发展阶段（WEF，2010：10）的收入阈值（人均国内生产总值）。第1阶段（因素驱动型）：<2000；从第1阶段转向第2阶段：2000—3000；第2阶段（效率驱动型）：3000—9000；从第2阶段转向第3阶段：9000—17000；第3阶段（创新驱动型）：>17000。

[2] 在139个国家中的排名。

[3] 2005年的数据。

[4] 2006年的数据。在2010年博茨瓦纳高等教育委员会的报告中，其高等教育毛入学率超过了20%，而南非的高等教育毛入学率仅保持在16%左右。

[5] 2007年的数据。

[6] 2009年的数据。

世界经济论坛将竞争力定义为决定国家生产力水平的系列体制、政策和因素（WEF，2009：4）。全球竞争力指数是以竞争力的十二个支柱为基础，进一步分为三个支柱组，它们是：

◎基本要求（院校、基础设施、宏观经济稳定性、医疗和初等教育）；

◎效率促进器（高等教育和培训、商品市场效率、劳动力市场效率、市场成熟度、技术准备和市场规模）；

◎创新和复杂因素（商业复杂度、创新）。

全球竞争力指数报告认为高等教育和培训是帮助各国走向知识经济的重要因素（WEF，2009：5）：

> 高质量的高等教育和培训对于那些想要超越简单的生产工艺和产品而提升价值链的经济体来说至关重要。尤其是，当今的全球化经济要求经济体培养出一批受过良好教育的工人，他们能够迅速适应不断变化的环境。该支柱部门衡量的是中学和大学的入学率以及商界评估的教育质量。还考虑到工作人员培训的程度，因为职业和持续在职培训的重要性在许多经济体中被忽略。工作人员的培训可以确保工人技能不断提高，以适应经济不断变化的需求。

2007年，世界银行的报告《知识经济》确定了三条主要信息，其中包括以下内容：

> 信息1：从人类历史开始，知识和创新就在发展中发挥了至关重要的作用。但随着过去几十年的全球化和技术革命，知识显然已成为竞争力的关键驱动力，并正在深刻地重塑世界经济增长和活动的模式。因此，发达国家和发展中国家都应该以某种紧迫感，在知识经济的背景下考虑它们的未来。
>
> 信息2：要打造成功的知识经济，各国必须对其教育基础、创新系统以及信息和通信技术基础设施进行反思并采取行动，同时还必须建立高质量的经济和体制制度。这四大支柱的政策必须反映国家的发

展水平，而且往往必须循序渐进。然而，经验表明，一些成功的知识经济拥护者能够在十年内取得惊人的飞跃。

信息3：许多（如果不是大多数的话）取得快速进展的国家已经在全国范围内实施了知识经济激励的变革方案。虽然这类方案是务实的具体国别方案，但它们出现了一些共同点：需要围绕知识经济方案促进信任和社会凝聚力；需要将自上而下的改革和自下而上的倡议相结合，在四个支柱方面开展工作；需要有沟通良好的知识经济愿景。

受访者名单

博茨瓦纳

博茨瓦纳大学

Dawid Katzke博士（名誉副校长，负责财务和行政管理）、Isaac Mazonde教授（研发主任）、MB Khonga教授（博茨瓦纳大学农学院院长）、B Tsie教授（社会科学学院院长）、Herman Batibo教授（UB-Tromso Basarwa 研究项目负责人）、MMM Bolaane博士（UB-Tromso Basarwa 研究项目参与人）、B Chilisa教授（UB-UPENN HIV 研究主要研究者）、Jennifer Hays 博士（UB-Tromso Basarwa 研究项目）、Kapunda博士（经济学系）、G Mookodi博士（社会学系系主任）、N Narayana教授（经济学系执行主任）、Gabo Ntseane博士（成人教育系系主任）、EDM Odirile（商学院UB商业诊所项目）、EK Quansah教授（UB法律诊所）、Wapula Raditloaneng博士（成人教育系）和Siphambe教授（经济系）

国家利益相关者

Sebolaaphuti Kutlwano（财政和发展规划部）和Richard Neill（高等教育委员会政策和规划主任）

加纳

加纳大学

Kwesi Yankah 教授（副校长）、Esi-Sutherland-Addy教授（非洲研究院）、Benjamin Ahunu教授（农业和消费科学学院教务长）、Sam Offei 教授（西非作物改进中心副主任）、Joseph Budu（农业和消费科学学院注册官）、 Yaa Ntiamoah 教授（科研院和研究生院院主任）、Eric Danquah教授（西非作物改进中心主任）、Vernon Gracen博士（西非作物改进中心副主任）、 Kodjo Senah教授（社会学系系主任）、Isabella Quakyi 教授（盖茨研究所人口、家庭和生殖健康合作项目主要研究者）、Alexander Nyarko教授（西非国际寄生虫控制中心主任）、Clement Ahiadeke教授（统计社会经济研究所副主任）、Owuraku Sakyi-

Dawson 博士（农学院）和 Esi Colecraft 博士（营养与食品科学系）

国家利益相关者

教育部、国家高等教育委员会、财政部和国家发展计划委员会

肯尼亚

内罗毕大学

Ben Waweru（大学注册处主任）、IM Mbeche 教授（人文社会科学学院院长）、EHN Njeru 教授（艺术学院院长）、Edward K Mburugu 教授（艺术学院副院长）、Patts Odira 教授（工程学院院长）、Madara Ogot 教授（内罗毕大学企业和服务部执行主任）、Eric O Odada 教授（泛非启动秘书处项目主管）、Dorothy McCormick 教授（发展研究院）、Mr John Njoka（发展研究院）、Winnie Mitullah 教授（发展研究院）、Muthama 教授（气象学系）、Francis Mutua 教授（水文和地表水资源系）、Njuguna Ng'ethe 教授（慢性贫困研究中心）、John H Ndiritu 教授（农学院院长），Wanjiru Gichuhi 教授（人口调查和研究所）和 Samuel W Kiiru（发展研究院）

国家利益相关者

Elizabeth Wafula（高等教育委员会高级助理秘书（规划））

毛里求斯

毛里求斯大学

I Fagoonee 教授（副校长）、Ameenah Gurib-Fakim 教授（教学副校长）、Soonil Rughooputh 教授（研究、咨询与创新副校长）、K Sobhee 教授（人文社会科学学院院长）、T Bahorun 教授（理学院生物科学系）、D Jhurry 教授（理学院化学系）、A Bhaw-Luximon 博士（理学院化学系）、Dinesh Hurreeram 博士（工程学院机械和生产工程系）、I Koodoruth（人文社会科学学院高级讲师）、A Chutoo（工程学院计算机科学和工程系）、M Santally（虚拟技术创新学习中心）、B Rajkomar（农学院农业经济和管理系高级讲师）和 V Ancharaz 博士（人文社会科学学院经济学和统计学系主任）

国家利益相关者

Ricaud GAuckbur（教育、文化和人力资源部主任）、Maya Soonarane（教育、文化和人力资源部财务规划处执行主任）、R Hittoo（财政和经济授权部教育授权支持小组组长）、Praveen Mohadeb 博士（高等教育委员会）和 S Rama（财政和经济授权部首席财务分析员）

莫桑比克

爱德华·蒙德拉内大学

Angêlo Macuacua 教授（负责管理事务的荣誉副校长）、Orlando Quilambo 教授（学术事务荣誉副院长）、Maria da Conceição 博士（UEM SIDA / SAREC 合作协调员）、Lidia Brito 博士（木材科学和技术系）、Domingos Buque 博士（负责教育学院的研究与研究生的副院长）、António Cumbane 教授（化学工程系系主任）、Amália Uamasse 教授（科学学院院长）、Daniel Baloi 教授（经济学院院长）、Mário Falcão 教授（农学院院长）、Armindo Ngunga 教授（非洲研究中心主任）、Manoela M Sylvestre 教授（奇布托管理与创业学院院主任）、Álvaro Carmo Vaz 博士（工程学院）、Afonso Lobo 博士（工程学院管理副院长）、Boaventura Cuamba 教授（物理学系）、Serafna Vilanculos 教授（工程学院）和 Brazao Mazula 教授（教育学院）

国家利益相关者

Venancio Simfio Massingue 博士（科学和技术部部长）、Constantino Gode 博士（财政部长顾问）、Augusto Sumburane 博士（国家财政部研究处主任）、Vit ria Afonso de Jesus 博士（国家 Milenio 项目协调员）和 Arlindo Chilundo 博士（教育和文化部长顾问）

南非

纳尔逊·曼德拉城市大学

Derrick Swartz 教授（副校长）、Christo van Loggerenberg 教授（负责学术的荣誉副校长）、Thoko Mayekiso 教授（负责科研、技术和规划的荣誉副校长）、Heather Nel 教授（院校规划主任）、Piet Naude 教授（商学院院主任）、

Peter Cunningham教授（社会学系系主任）、Richard Haines教授（发展研究领域的教授）、Hendrik Lloyd教授（经济、发展和旅游学院院主任）、Jackie Barnett（创新、支持和科技主任）、Werner Olivier教授（数学和应用数学系主任）、Danie Hattingh教授（汽车零部件技术站站长）、Lucinda Lindsay（汽车零部件技术站研究员）、Andrew Young（汽车零部件技术站研究员）、Hennie van As教授（政府可持续发展研究院院长）、Xola Mkontwana（小业务部门中心经理）、Jan Nechtling教授（球床模块式反应器项目负责人）、Japie Engelbrecht教授（球床模块式反应器项目负责人）、Ben Zeelie教授（InnoVenton化学技术研究院）、Geoff Ritson（InnoVenton技术支持）、Willem van Heerden博士（农业和狩猎管理系）、JJ van Wyk教授（建筑和测量系）和Hugh Bartis（旅游系主任）

坦桑尼亚

达累斯萨拉姆大学

MAH Maboko教授（学术事务副校长）、Sylvia Shayo Temu博士（财务规划主任）、C Mwinyiwiwa教授（研究代理主任）、FW Mtalo教授（工程和技术学院院长）、Ulingeta Mbamb博士（达累斯萨拉姆大学商学院副院长）、Katherine Fulgence（企业发展服务孵化方案）、Kamukuru博士（水产科学和技术学院）、Cuthbert Kimambo博士（工程和技术学院企业技术孵化）、NN ruanda教授（艺术和社会科学学院历史系）、AE Majule博士（资源评估研究所）、Daniel Mkude博士（语言学系）、CL Nahonyo博士（动物系负责人）、Simon Ndaro博士（水生科学和技术学院Kinondoni沿海地区综合管理项目）、James Ngana教授（资源评估研究所）、AK Temu博士（工程和技术学院坦桑尼亚盖茨比信托基金会）和Elia Yobu（达累斯萨拉姆大学创业中心项目官员）

国家利益相关者

Wilbard Abeli（高等教育和职业培训部教育主任）、Fatima Kiongosya（财政和经济事务规划部主任）、Bohela Lunogelo博士（经济和社会研究基金会执行主任）、Daniel Magwiza（坦桑尼亚大学委员会赠款、财政和行政副秘书）、MH Nkunya教授（坦桑尼亚大学委员会执行主任）、Denis Rweyemamu（减贫

研究报告）和 Grace Shirima（教育和职业培训部）

乌干达

麦克雷雷大学

Lillian Tibatemwa-Ekirikubinza博士（学术事务副校长）、Eli Katunguka-Rwakishaya教授（研究生院院主任）、JW Wabwire（规划与发展部）、Florence Nakayiwa-Mayega（规划与发展部）、N Sewankambo 教授（卫生学院院长）、B Nawangwe博士（科技学院院长）、Stephen Kijjambu教授（医学院院长）、Edward Kirumira教授（社会科学学院院长）、Umaru Bagampadde博士（土木工程系系主任）、Sam Kyamanywa教授（农业学院）、Yasin Nakku Ziraba博士（技术学院）、Grace Twinamatsiko（技术学院）、Frederick Muyodi博士（科学学院）、Joseph Byaruhanga博士（乌干达盖茨比信托基金会）、John Muyonga博士（食品科学和技术部）、Dorothy Nakimbugwe 博士（食品科学与技术系）、Charles Niwagaba博士（土木工程系）、Celestino Obua博士（药理与治疗学系）、Andrew Mwanika博士（医学院）、Leah Thayer博士（传染病研究所）、Richard Odoi教授（药学系）和Juliet Kiguli 博士（公共卫生学院）

国家利益相关者

Evarist Twimukye教授（财政、规划和经济发展部经济政策研究中心）、Nyende Magidu教授（财政、规划和经济发展部经济政策研究中心）、ABK Kasozi教授（国家高等教育委员会执行主任）、Elizabeth Gabona（教育和体育部高等教育专员）、Robert Odok Oceng（教育和体育部公立大学访问委员会）、Rosseti Nabbumba Nayenga（财政、规划和经济发展部减贫司司长）

附录C

公约的指标、协调和执行

表C1　知识和大学在发展中的作用

		强	弱	缺失
国家层面	国家发展规划中的知识经济概念	出现在许多政策文件中	仅在一项政策文件中提及	根本没有提及
	高等教育在国家发展政策和规划中的作用	在发展政策中明确提到		
院校层面	院校政策与规划中的知识经济概念	战略规划或研究政策战略中有突出强调	战略规划或研究政策中有模糊提及	根本没有提及
	关于大学在经济发展中的作用的院校政策	有专门的院校政策	嵌入战略规划和研究政策等文件中	没有正式的政策

表C2　协调和实施

		系统	零星	微弱
协调				
国家	经济发展与高等教育规划相联系	由高级部长领导的正规机构	集群／论坛	临时会议
	大学与国家机构之间存在联系	具体协调机制或机构	有一些正规机构，但没有从事有意义的协调	没有机构，有政治网络但不是专业网络
	参与高等教育的政府机构的协调和共识建设	高等教育被纳入政府主流部门	与无效论坛的间歇性互动	高等教育问题主要局限于一个部委或厅局
执行				
国家	高等教育主管部门的作用	有能力做出可预测资源配置的有组织的部门	有些管理工具和职能部门	微弱的能力，不能配置资源

续　表

		系统	零星	微弱
		强	弱	缺失
国家	使高等教育向促进经济发展转变的职能实施	设有鼓励院校／个人的资金或具体项目等工具	具体项目的临时赠款	没有特殊的奖励资金
	院校收入来源均衡比例	政府、学费和第三方收入	主要是政府和学费	主要是政府与外部资助者
	资助连贯性	以所有利益相关者商定的标准为基础的稳定、透明的公共筹资机制	资金分配多少是可预测的，但不考虑长期规划，也不奖励进取行为	政府没有明确的资金或激励措施
院校	与经济发展有关的具体单位、供资或岗位	具体单位、供资或岗位	经济发展举措方面的单位或岗位	主要是临时的、工作人员发起的业务
	与发展有关的活动的奖励和激励	晋升激励或计数	存在一些信号，但主要是言辞方面的	没有提及
	与劳动力市场有关的教学方案	与经济发展高度相关的专业的入学目标	存在一些与具体工业要求相关的项目	没有与劳动力相关的新项目
	将学生与经济发展联系起来的具体项目	创业、基于工作的学习和／或主流化的学生孵化器	特设项目	没有具体项目
	越来越注重经济发展的研究活动	注重经济发展的研究政策／战略	有一些注重经济发展的研究议程	特设项目资金
	政府和大学的科研经费水平	高	中等	低

收集核心数据时存在的问题

　　有些大学无法提取所需的数据，因为它们没有准确、有效的学生和工作人员电子数据库。在这种情况下，数据仅以打印汇总表的形式提供。在有电子数据库的大学，数据不准确、分类不完整，并不是所有表明学生在具体课程中取得成功的分数都被收集到了。

　　许多大学没有存储全套数据的中央管理信息办公室。在这种情况下，我们必须直接从学院或行政部门收集数据。这种权力下放的结果是，大学的各个业务单位保存了不同版本的学生和教职员工数据。由于一些大学的重点几乎完全放在全日制学生招生人数及其全日制工作人员的编制上，因此它们关于非全日制学生和非全日制工作人员的资料贫乏而且不完整。"全时当量学生（full-time equivalent students）"和"全时当量工作人员（full-time equivalent staff）"的概念没有得到广泛使用。对于大多数大学来说，进行必要计算所需的数据元素无法以直接可用的格式使用。

　　我们将年度报告和规划文件等文件副本带回南非，用于检查和纠正CHET模板上的数据。此外，我们还利用互联网上及各大学网站上的统计报告来检查和纠正数据。最后，如果我们观察到数据存在不一致、差异或异常趋势等情况，则根据平均年增长率和数据元素之间的平均比率对数据进行调整。

附录E

学术核心指标和评级

表 E1　八个案例综合研究中发现使用的学术核心指标测量内容和评级

指标	测量内容	评级		
		强	中	弱
SET 招生人数	2001—2007 年 SET 平均招生人数在总招生人数中的占比（%）	SET 招生人数占比（%）>39%	30%<SET 招生人数占比（%）<39%	招生人数占比（%）<30%
研究生招生人数	2001—2007 年硕、博平均招生人数在总招生人数中的占比（%）	硕、博平均招生人数占比（%）>9%	5%<硕、博平均招生人数占比（%）<9%	硕、博平均招生人数占比（%）<5%
生师比	2001—2007 年全时当量学生人数与全时当量教工人数的平均比例	生师比<20	20<生师比<30	生师比>30
学术人员资质	2007 年拥有博士学位的终身学术人员的比例	拥有博士学位的终身学术人员的比例<49%	30%<拥有博士学位的终身学术人员的比例<49%	拥有博士学位的终身学术人员的比例<30%
可获得的研究经费	2007 年以购买力平价（PPP）美元表示的每位终身学术人员的研究经费	人均研究经费>PPP$20000	PPP$10000<人均研究经费<PPP$20000	人均研究经费<PPP$10000
SET 产出	2001—2007 年平均 SET 毕业人数／SET 招生人数	SET 毕业人数／SET 招生人数>20%	17%<SET 毕业人数／SET 招生人数<20%	SET 毕业人数／SET 招生人数<17%
知识产出：博士研究生	2001—2007 年平均博士毕业生人数占终身学术人员总数的比例	博士毕业生人数>终身学术人员总数的 10%	终身学术人员的 5%<博士毕业生人数<终身学术人员总数的 10%	博士毕业生人数<终身学术人员总数的 5%
知识产出：学术出版物	2001—2007 年终身学术人员的人均出版物	终身学术人员的人均出版物>0.50 篇	0.25 篇<终身学术人员的人均出版物<0.5 篇	终身学术人员的人均出版物<0.25 篇

附录 F

学术核心等级说明

表F1 八个案例研究分析中使用的学术核心等级说明

	指标	强	中	弱
1	强大的科学和技术	SET招生人数增长，SET招生人数比例增长；SET学生的最低毕业率为70%	SET招生比例稳定；SET学生毕业率在60%至70%之间	SET招生人数不变，SET招生数比例下降；SET学生毕业率小于60%
2	研究生入学人数和毕业生人数	研究生人数至少占总招生人数的25%；硕士、博士招生人数和毕业生人数增加。硕士与博士招生比例不超过5：1，同年毕业生与入学生的比例：硕士为25%，博士为20%	研究生人数占总招生人数的比例为10%以上，并呈上升趋势；硕士与博士招生比例不超过10：1，同年毕业生与入学生的比例：硕士为20%，博士为15%	研究生招生人数和毕业生人数的平均年增长率低于本科生；研究生入学总人数不超过10人；硕士与博士招生比例在10：1以上
3	教工的教学工作量	全时当量教工的增长比例接近全时当量学生的增长比例，SET全时当量学生与全时当量教工的比例最大为15：1，所有专业的总生师比为20：1	全时当量学生的增长速度比全时当量教工增长速度快，SET全时当量学生与全时当量教工的比例为 20：1，所有专业的总生师比接近30：1	全时当量学生的增长速度比全时当量教工增长速度快，SET全时当量学生与全时当量教工的比例大于20：1，所有专业的总生师比大于30：1
4	学术人员的资质	至少50%的终身学术人员拥有博士学位	30%<拥有博士学位的终身学术人员<50%	拥有博士学位的终身学术人员<30%
5	研究基金的可得性	每位终身学术人员的年科研经费大于PPP\$20000	每位终身学术人员的年科研经费在PPP\$10000至PPP\$20000之间	每位终身学术人员的年科研经费小于PPP\$10000
6	博士毕业生	既定年份的博士毕业生>终身学术人员的10%	既定年份的博士毕业生占终身学术人员的5%至9.9%之间	既定年份的博士毕业生<终身学术人员的5%
7	科研论文	终身学术人员的人均科研论文为0.50篇或以上	终身学术人员的人均科研论文在0.25篇和0.49篇之间	终身学术人员的人均科研论文<0.25篇

《非洲大学与经济发展》原著作者简介

尼科·克卢蒂（Nico Cloete），纳尔逊·曼德拉指定成立的南非国家高等教育委员会（National Commission on Higher Education，NCHE）主席，斯坦林布什大学高等教育信托中心（Center of Higher Education Trust，CHET，该中心原名为高等教育改革中心）主任，非洲高等教育研究和倡导网络（Higher Education Research and Advocacy Network in Africa，HERANA）总协调员；挪威奥斯陆大学客座教授，西开普大学高等教育研究所（Institute of Post-School Studies）和科学计量科技创新政策中心（Scientometrics and Science, Technology and Innovation Policy，SciSTIP）荣誉教授。发表过多篇非洲高等教育政策、社会学和心理学方面的文章，近年的著作有《非洲大学和经济发展》（2011年）、《塑造南非青年的未来：重新思考后学校教育》（2012年）、《非洲高等教育中的知识生产和矛盾功能》（2015年）、《南非的博士教育》（2015年）及《非洲的研究型大学》（2018年）。

翠西·蓓莉（Tracy Bailey），南非斯坦陵布什大学博士研究生，其研究兴趣为南非高等教育部门和科学部门的循证政策。

番迪·皮莱（Pundy Pillay），现为南非金山大学经济学教授，柏林经济与法律学院(Berlin School of Economics and Law)客座教授，2014年之前为挪威奥斯陆大学高等教育经济学的客座教授。曾任南非总统办公室政策股股长及南非财政委员会执行主任。

伊恩·布丁（Ian Bunting），开普敦大学名誉教授，斯坦陵布什大学研究员。曾任开普敦大学社会科学和人文学院院长11年，之后借调到南非高等教育部工作。

皮特·马森（Peter Maassen），挪威奥斯陆大学教育学院教授，曾任荷兰特温特大学（University of Twente）高等教育政策研究中心主任（1997—2000年）。其研究领域包括高等教育治理（高等教育政策改革和制度变革）、大学领导与管理、高等教育的组织变革，以及高等教育机构在经合组织国家、撒哈拉以南非洲国家发挥的经济作用。

译后记

　　2018年8月14日，在工作单位——浙江师范大学非洲研究院赴非调研项目经费的资助下，本人带着"基于层次分析法的南非大学评价指标体系构建及应用研究"调研项目，搭乘埃塞俄比亚航空公司航班去了美丽的国度——南非，开启了为期三个月，关于斯坦陵布什大学（University of Stellenbosch）、开普敦大学、西开普大学、开普半岛科技大学、纳尔逊·曼德拉城市大学、罗德斯大学、约翰内斯堡大学、金山大学、比勒托利亚大学以及夸祖鲁纳塔尔大学等南非多所公立大学教学、科研以及拨款等基本状况的调研行程。

　　抵达南非后，我首先调研了位于西开普省斯坦陵布什镇的斯坦陵布什大学，斯坦陵布什大学创建于1866年，有着悠久的办学历史，其办学实力在南非二十六所公立大学中名列前茅；其次，我调研了南非最好的高等教育研究机构之一——高等教育改革中心（Center of Higher Education Transformation），该中心位于斯坦陵布什大学，该中心的主任尼科·克卢蒂在南非高等教育界有着举足轻重的影响力，并且他的非洲一流大学、非洲高等教育与经济发展等研究领域与我个人的研究兴趣十分契合。

　　高等教育改革中心的主任尼科·克卢蒂是南非国家高等教育委员会（National Commission on Higher Education，NCHE）的主席，其研究领域主要是南非高等教育政策和非洲研究型大学，其在南非高等教育领域很有影响力。有影响力的人通常特别忙碌，在数封拜访预约邮件没有得到答复后，我只好在没有预约的情况下硬着头皮去他的办公室碰碰运气，要不然愧对自己踏入非洲高等教育研究领域一整年以来都在读高等教育改革中心的著作的努力。记得第一次去威尔科克楼（Wilcock Building，高等教育改革中心所在的楼），尼科·克卢蒂不在，所幸高等教育改革中心的工作人员比较友好。在我说明来意之后他们立马给远在开普敦家里的尼科·克卢蒂打了电话，通过电话，我们约好下个周三他来斯坦陵布什大学的时候与我见面。第二次去拜访他，在等他开完四个小时的会正式约见我时，饥肠辘辘的我心里是有些不痛快的，但是在后来的访谈中，他对研究型大学、旗舰大学、世界一流大学以及大学三大职能的见解让我觉得遇到了真正的同行。更别提后来，他给我引荐了南非教育部的伊恩·布丁（Ian Bunting）、开普敦大学的伊恩·斯科特（Ian Scott）、纳尔逊·曼德拉城市大学的查尔斯·舍帕尔德（Charles Sheppard）和夸祖鲁纳塔尔大学的前校长约翰·布特-亚当（John Buter-Adam）等多位南非高等教育研究"大咖"，使得我横跨东、西开普省，纵越豪登省、夸祖鲁纳塔尔省的调研超乎预期的顺利。此外，他得知我读了他的很多著作后，当即从书架上取下 Universities and Economic Development in Africa（本译著的原著），Knowledge Production Contradictory Functions in African Higher Education 以及 Castells in Africa: Universities & Development 三本著作送给我。因此，也就有了《非洲大学与经济发展》这本译著的诞生。

我相信非洲高等教育研究作为国际高等教育研究的宝贵财富，有助于以整体的视野看待国际高等教育。我希望该译著能帮助中国读者了解非洲高等教育发展及其在推动非洲经济社会发展进程中的重大意义；让国内读者对非洲八国高等教育形成概要性认识，破除非洲落后乃至"只有黑暗和停滞"的刻板印象。

由于本人能力有限，所以在翻译过程中不免会有疏漏，惟请读者帮助矫正，不胜感谢！此外，本人感谢在本书翻译和出版过程中提供无私帮助的朋友们：首先，要感谢浙江师范大学非洲研究院对译者2018年远赴南非的调研费用以及该译著出版费用的资助，没有研究院的资助就没有这本译著的面世；其次，感谢外审专家对译著提出的宝贵修改意见；最后，感谢浙江工商大学出版社的编辑们给予的大力支持、专业指导和悉心帮助。

欧玉芳

浙江师范大学非洲研究院

2019 年 11 月 24 日